V

7e EXPOSITION
DES PRODUITS
DES MEMBRES
De l'Académie de l'Industrie,
A L'ORANGERIE DES TUILERIES,
EN 1843.

CATALOGUE
DES PRODUITS
PRÉSENTÉS
POUR FIGURER A CETTE EXPOSITION,
RÉDIGÉ
Sur les notices remises par MM. les industriels,

CE LIVRET SE DISTRIBUE
A l'*Orangerie des Tuileries, galerie d'exposition,*
Et au bureau de l'Académie de l'Industrie,
Rue Louis-le-Grand, 23.

PARIS,
IMPRIMERIE DE GUIRAUDET ET JOUAUST
Rue Saint-Honoré, 315.

1843

IMPRIMERIE DE GUIRAUDET ET JOUAUST,
rue Saint-Honoré, 315.

BUT DE LA SOCIÉTÉ.

Chaque année l'Académie de l'industrie fait une exposition des produits de ses membres. Celle de 1843 se tiendra à l'Orangerie des Tuileries, et ouvrira le 8 juin pour durer jusqu'au 29 juin.

Tous les jours des comités spéciaux examinent les objets qui lui sont adressés par les membres au local de l'Académie, et ceux qui ne peuvent être déplacés sont examinés par une commission qui se rend sur les lieux. Des rapports sont faits sur ces objets.

Pour mieux faire apprécier les nouveaux produits, 1° cette Société propose et décerne des prix et des récompenses; 2° elle accorde des médailles d'honneur en or, platine, argent et bronze; 3° elle correspond avec les corps savants et les établissements industriels.

Elle publie en outre un journal semi-périodique contenant 1° l'exposé des comptes rendus de ses séances et de ses actes, les décisions de son conseil d'administration, le dépouillement de la correspondance, la nomenclature des ouvrages offerts, l'examen des principes et des méthodes les plus favorables aux progrès des trois industries; 2° les ouvrages couronnés par elle; 3° les renseignements qu'elle peut se procurer sur les établissements, les travaux et les productions en tout genre qui, dans les divers pays, ont pour objet l'amélioration et l'avancement des industries agricole, manufacturière et commerciale.

L'Académie publie également, et aussi souvent que ses facultés financières peuvent le lui permettre, la collection des documents imprimés ou manuscrits recueillis dans les ouvrages, mémoires ou rapports, tant anciens que modernes, en langue française ou étrangère, relatifs à l'industrie.

L'Académie se compose aujourd'hui d'un grand nombre de membres français et étrangers.

On fait partie de la Société comme membre de *première* ou de *seconde* classe.

Les membres de *première classe* paient une cotisation annuelle de 30 francs, et ceux de *seconde classe* ne paient par an que 15 francs.

Les membres de la *première classe* jouissent de plusieurs avantages, dont un des principaux est de recevoir *gratuitement* les publications de toute nature ordonnées par l'Académie,

Ceux de la *seconde classe* ne reçoivent que le journal mensuel de ses travaux, mais aucun de ses mémoires.

La qualité de membre n'engage jamais à d'autre solidarité que celle de la cotisation annuelle.

Pour faire partie de l'Académie, il faut être présenté par un membre, et être agréé par le conseil d'administration.

Les personnes désignées aux suffrages de l'Académie sont priées d'indiquer avec précision, dans leur lettre d'adhésion aux statuts, la *classe* dans laquelle elles désirent être inscrites sur les listes de l'institution, et *d'écrire très lisiblement* leurs nom, prénoms, qualités, lieu de leur domicile, etc.

Les titres précités ne peuvent s'accorder qu'aux personnes qui se soumettent par écrit à l'une des cotisations annuelles ci-dessus prescrites.

Tous les membres indistinctement ont le droit de présenter des candidats, de jouir de la bibliothèque, des dépôts et archives de la Société, d'assister aux séances générales et des comités, etc.

Ils peuvent passer d'une classe dans une autre, et même se retirer entièrement, en prévenant le conseil, avant la fin de chaque année, de leurs intentions à cet égard. Ils paieront toutefois la *cotisation* de l'année commencée.

Ils reçoivent un diplôme *en papier* ou *en parchemin*, à leur choix. Le premier, dont le prix est de 5 fr.; est *obligatoire;* le second, dont le prix est de 15 fr., est facultatif.

L'Académie publie régulièrement, depuis sa fondation, sous le titre de *Journal de ses travaux*, un bulletin mensuel qui, indépendamment de l'analyse de ses séances, rapports, etc., contient un grand nombre d'articles capables d'intéresser à un haut degré les agriculteurs, les manufacturiers et les commerçants.

Tous les numéros parus depuis le 1er janvier de l'année de leur admission, ainsi qu'un diplôme, sont adressés francs de port aux membres cotisés, dès qu'ils *ont adhéré par écrit* aux statuts de la Société, qu'ils ont été admis et qu'ils ont acquitté le montant de la cotisation et du diplôme.

Outre le journal mensuel de ses travaux, l'Académie publie un recueil de *Mémoires* qui n'est envoyé *gratuitement* qu'aux membres qui paient une cotisation annuelle de 30 francs. Six volumes de ces Mémoires et treize du journal ont paru.

Elle met annuellement au concours un ou plusieurs sujets de prix, indépendamment des sommes destinées à délivrer des *médailles d'honneur d'or*, de platine, d'argent et de bronze, aux membres de la Société dont les *communications* sont jugées les plus utiles, et aux auteurs des découvertes les plus importantes.

Les mémoires, documents, communications, que les membres de l'Académie ou autres personnes veulent bien lui adresser, sont insérés, en leur nom, quand les comités les ont jugés utiles, dans son bulletin mensuel, ou dans le recueil de ses Mémoires, sous un numéro d'ordre, et concourent pour les récompenses qui sont distribuées annuellement.

Les cotisations annuelles doivent être versées *intégralement* dans la caisse de l'Académie, au plus tard dans les deux premiers mois qui suivent l'admission des membres, quelle que soit l'époque de cette admission. Elles sont renouvelées chaque année, dans le mois de janvier ou de février, par un mandat sur la poste qu'on délivre dans tous les bureaux du royaume, ou par un bon sur le trésor royal ou sur une maison de commerce de Paris.

Tous les envois d'argent se feront par la même voie ou par celle des messageries et diligences.

RÈGLEMENT

DE L'EXPOSITION DES PRODUITS DES MEMBRES DE L'ACADÉMIE DE L'INDUSTRIE A L'ORANGERIE DES TUILERIES EN 1843.

ART. 1er. — Les membres *seuls* de l'Académie de l'industrie sont appelés à pouvoir concourir à cette exposition, qui se tiendra dans le local de l'Orangerie des Tuileries.

ART. 2. — Tout membre démissionnaire, ou dont le paiement de la cotisation est arriéré de six mois, ne pourra être inscrit sur la liste des concurrents qu'après avoir été représenté à la commission supérieure, qui verra s'il y a lieu de le conserver sur la liste des membres de la Société.

ART. 3. — Les objets appartenant aux membres de l'Académie de l'industrie seront *seuls* admis à cette exposition.

ART. 4. — Avant de pouvoir être exposés, tous les objets seront soumis à l'examen préalable d'un jury d'exposition.

ART. 5. — Les objets nouveaux paraissant pour la première fois à l'exposition de cette Société, et sur lesquels il n'aura pas été fait de rapport, ne pourront qu'être exposés, mais non concourir, pour cette année, aux médailles et récompenses qui seront décernées, en séance générale, quelques jours après la fermeture de l'exposition.

ART. 6. — Le jury d'exposition, dont les fonctions sont purement honorifiques, est formé d'une commission spéciale composée de MM. le général baron JUCHEREAU DE SAINT-DENYS, président C ✻; MALEPEYRE aîné, vice-président; ODOLANT-DESNOS, secrétaire; CAILLEAU, président du comité d'agriculture et trésorier; MALEPEYRE jeune, président du comité du commerce; le Dr DANIEL DE SAINT-ANTHOINE ✻, secrétaire du comité du commerce; SAINTE-FARE-BON-

TEMPS ✻, secrétaire du comité d'agriculture, et DALMONT, architecte.

Cette commission est chargée d'examiner, de choisir et de placer les produits qui lui seront soumis, et, de plus, de maintenir l'ordre pendant tout le temps de l'exposition, et de prendre à cet effet toutes les mesures qu'elle jugera convenables.

Les commissaires de service pourront, toutes les fois qu'ils le jugeront utile, s'adjoindre temporairement, pour les seconder, une ou plusieurs personnes prises parmi les membres du conseil d'administration ou parmi Messieurs les exposants.

ART. 7. — A dater du 1er mai, les membres de l'Académie qui voudront concourir à cette exposition devront se rendre, avant le 1er juin, dans les bureaux de la Société, pour y remplir les formalités adoptées par le jury d'exposition, et faire connaître les objets qu'ils se proposent de présenter au jury.

ART. 8. — Tout membre ayant rempli les formalités prescrites, ce qui sera constaté sur un registre ouvert à cet effet, recevra directement ou par la poste une carte portant son numéro d'inscription qui l'autorisera à soumettre ses produits au jury d'exposition.

ART. 9. — Cinq jours avant l'ouverture de l'exposition, tout porteur d'un numéro d'inscription devra apporter à l'Orangerie des Tuileries ses produits pour les soumettre au jury, qui les examinera et indiquera le nombre et ceux de ces produits qu'on pourra exposer, ainsi que la place qu'ils devront occuper.

ART. 10. — *Tout exposant ne pourra exposer que ceux de ses produits qui seront admis par les commissaires présents à leur arrivée; il devra en outre accepter la place que MM. les commissaires de l'Académie auront assignée à son numéro d'inscription, et il devra se soumettre aux changements de places et à toutes les mesures d'ordre et de police que ces commissaires jugeront nécessaires.*

Art. 11. — Chaque exposant sera tenu de venir occuper l'emplacement assigné à son numéro *trois* jours au moins avant l'ouverture de l'exposition, et, en cas de retard, MM. les commissaires sont autorisés à disposer de sa place.

Art. 12. — Tout objet, une fois entré dans les salles de l'exposition, ne pourra en sortir, lors même qu'il ne serait pas admis à être exposé, que sur la présentation d'une permission spéciale de sortie, signée au moins de l'un des commissaires de service, qui ne la délivrera, s'il ne connaît pas le demandeur, que sur l'exhibition de sa carte d'inscription.

Art. 13. — Tout exposant pourra vendre ceux de ses produits exposés; mais il ne lui sera permis de les livrer aux acquéreurs qu'à la fin de l'exposition, à moins d'obtenir une permission toute spéciale du jury, et toutefois à la condition expresse de les remplacer le lendemain, avant l'ouverture, par un échantillon analogue.

Art. 14. — A partir du jour de l'ouverture de l'exposition, aucun objet ne pourra être introduit dans les galeries sans une délibération spéciale du jury.

Art. 15. — MM. les exposants se chargeront, comme les années précédentes, des frais de transport, d'étalage et de tous les autres menus frais particuliers d'entrée, de conservation et de sortie, que l'exposition de leurs objets pourra occasionner.

Art. 16. — Dans leur propre intérêt, MM. les exposants devront placer et maintenir à leur étalage une personne de confiance, tant pour la sûreté de leurs objets que pour répondre aux observations du public.

Art. 17. — MM. les exposants des départements, ainsi que des pays étrangers, seront tenus d'avoir un correspondant à Paris, qui sera chargé de remplir toutes les obligations imposées aux exposants par le présent règlement.

Art. 18. — L'exposition commencera le 8 juin et finira le 29 juin inclusivement; elle aura lieu tous les jours, depuis midi jusqu'à cinq heures.

MM. les exposants pourront *seuls* entrer à neuf heures du matin, sur la présentation de leur carte d'inscription.

Le public ne sera admis dans les galeries de l'exposition, à midi, que sur la présentation d'un billet, ou d'une médaille de pair, de député, de sociétés savantes, ou de celles délivrées dans les expositions nationales.

Quant à MM. les pairs et les députés, ils seront seuls admis à visiter la galerie d'exposition depuis dix heures jusqu'à midi.

Art. 19. — MM. les surveillants du palais des Tuileries seront chargés de la police intérieure des galeries d'exposition.

Art. 20. — La séance générale dans laquelle seront décernées les médailles méritées dans le courant de 1842-1843 aura lieu dans les huit jours qui suivront la fin de l'exposition.

Le présent règlement, ayant été rédigé pour investir le jury d'exposition de tous les pouvoirs nécessaires, a été fait et approuvé par la commission supérieure dans sa séance du 22 avril, et par le conseil d'administration le 27 avril 1843.

En l'absence de M. le duc de Montmorency, président de l'Académie,

Le général baron Jucherau de Saint-Denys, C. ✠,
Secrétaire général.

CATALOGUE
DES PRODUITS
DES MEMBRES
DE L'ACADÉMIE DE L'INDUSTRIE
PRÉSENTÉS
Pour être exposés en 1843.

---

1. — MOUREY, fabricant de bijouterie, à Paris, rue du Temple, 63.

Fabrique et expose des bijoux en ciselure repoussée après dorure, ayant tout le fini de l'or. Parmi ces produits on remarque divers objets et une magnifique toilette dans le genre *feuillage* et *renaissance*, avec fleurs en porcelaine.

Le bon goût de ses produits lui a mérité une médaille à l'exposition nationale de 1839, et une en platine à l'Académie de l'industrie en 1842.

Mais cette année il expose en outre des objets de goût argentés ou dorés par la méthode électro-chimique, qui sont surtout remarquables par l'immense avantage qu'ils possèdent de ne pas se ternir et de toujours conserver leur belle teinte mate blanche ou jaune. Ils doivent cette propriété précieuse à un procédé particulier que M. Mourey a découvert vers la fin de 1842, et qu'il a généreusement abandonné au domaine public, en le faisant connaître dès l'origine aux divers fabricants qu'il pouvait intéresser et aux sociétés savantes capables d'en apprécier la haute importance.

2. — PICAULT (Gust.), fabricant de coutellerie, à Paris, rue Dauphine, 52.

Inventeur des tranchants à scie, M. Picault expose un grand couteau romain, représentant d'un côté la translation des cendres de Napoléon aux Invalides, et de l'autre l'apothéose de l'Empereur; puis, au moyen d'un ressort, on fait à volonté sortir du manche qui lui sert de tombeau une statuette de Napoléon.

M. Picault expose en outre différentes lames du nouveau genre de tranchant inventé par lui, et pour lequel il a obtenu un brevet : ces lames-scies sont supérieures à tout ce qui s'est fait jusqu'à ce jour. Ce système s'adapte à presque toute la coutellerie, et particulièrement aux couteaux à découper, de table, de chasse et de poche, enfin aux serpettes de jardinier.

M. Picault certifie que ce tranchant est d'une longue durée et coupe mieux que le damas; aussi fait-il toutes ses ventes avec garantie.

3. — BÉROLLA, fabricant de pendules, à Paris, 2, rue de la Tour, au coin de la rue des Fossés-du-Temple, derrière le théâtre de la Gaîté.

Expose non seulement des pendules de voyage, qui sont toujours une des spécialités principales de sa maison, qui en établit annuellement plus de 3,000; mais cette année il fabrique et expose en outre des *pendules portatives* AVEC BALANCIER A SECONDES, du modeste prix de 75 fr., et pouvant cependant marquer l'heure et la seconde avec la même précision que les grands régulateurs d'horlogers portant des balanciers de 113 centimètres.

Il expose enfin des pièces d'horlogerie avec un échappement libre et à force constante de son invention, et applicable aux montres marines.

4. — FLAMET jeune, breveté, fabricant de *bretelles* et de *bas élastiques sans couture pour varices*, à Paris, rue des Arcis, 25.

Fabrique et expose des bretelles sans coutures avec ou sans boutonnières métalliques dont il est l'inventeur, et qui lui ont valu depuis 1834 diverses médailles de bronze et d'argent.

Cette année il appelle surtout l'attention du public sur les *bas élastiques pour varices* qu'il fabrique depuis 1836, et qui depuis cette époque n'ont cessé d'être fabriqués chez lui; ils sont en caoutchouc tricoté, n'offrent aucun pli ni couture, et la souplesse de leur tissu, en apportant de sensibles adoucissements aux membres les plus malades, leur permet d'agir et de se livrer sans douleur à tous leurs mouvements.

Il expose en outre des serre-bras élastiques pour cautères et vésicatoires.

5. — LEMARE (V^e^), fabricante brevetée des caléfacteurs, quai Conti, 3, à Paris.

Expose des CALÉFACTEURS perfectionnés ou appareils propres

à faire cuire à la fois, avec une livre de charbon, de deux à sept plats, y compris le rôti, pour quatre à six personnes. Elle fabrique en outre des cylindres de bain en cuivre, chauffant le linge, du prix de 55 fr., des cafetières à l'esprit-de-vin et à feu supérieur, des poêles pantothermes en cuivre et en tôle, plus des lampes-bougeoirs, etc. (Voir la notice détaillée donnant la description des divers appareils.)

Tous ces appareils ont valu à leur inventeur deux médailles d'or à la Société d'encouragement, et trois médailles d'argent aux trois dernières expositions nationales.

6. — DUQUESNOY, bandagiste, fabricant breveté de Biberons, à Paris, rue du Faubourg-Saint-Denis, 85.

Fabrique et expose de nouveaux *biberons filtres* et *régulateurs* ayant l'avantage, pour l'allaitement artificiel, de ne laisser aspirer que la quantité de lait dont l'enfant a besoin et de pouvoir toujours être faciles à tenir propres.

7. — LEMONNIER père et fils, *artistes dessinateurs en cheveux* de S. M. la reine des Français, honorés de plusieurs médailles d'argent, à Paris, rue du Coq-Saint-Honoré, 13.

Déjà connus fort avantageusement pour la perfection de leurs ouvrages, MM. Lemonnier pourraient se contenter de la vogue qu'ils ont acquise si justement; néanmoins le succès n'a fait que stimuler leur zèle : aussi remarque-t-on cette année qu'ils exposent des ouvrages d'un genre tout à fait nouveau et n'ayant aucun rapport avec ce qui s'était fait jusqu'à ce jour.

Le premier de ces ouvrages est un cimetière complétement en relief, de M. Lemonnier père; il est composé d'une grande quantité de tombeaux d'albâtre, ornés de travaux en cheveux qui imitent au naturel des saules, du lierre, et d'autres arbustes ou arbrisseaux qui viennent ombrager ces tombeaux; ils sont en outre entourés de grilles et de chaînes confectionnées également en cheveux par un nouveau procédé.

Le mérite de cet ouvrage ne consiste pas seulement dans le travail, dont l'exécution est d'une perfection admirable, mais encore dans l'harmonie de la composition, qui montre ce cimetière avec ses divers monuments, et traversé d'allées que bordent de tous côtés des cyprès ou autres arbres, toujours en cheveux; et dans l'une de ces allées on voit silencieusement se mouvoir au moyen d'un mécanisme et successivement passer le convoi d'une jeune fille et celui d'un militaire portés à leur dernière demeure.

L'autre ouvrage est entièrement l'œuvre de M. Lemonnier fils, auquel l'Académie a déjà décerné une médaille d'honneur : c'est un tableau de 140 centimètres sur 110, représentant les tombeaux les plus remarquables du cimetière du Père-Lachaise; celui du dernier plan nous montre le tombeau du général Foy, puis, en se rapprochant du spectateur, on aperçoit sur la gauche ceux du savant Monge, du comte de Valence et du vice-amiral Decrès. On y trouve réunis et groupés ensemble ces divers monuments de manière à en avoir fait le plus agréable bas-relief qu'on ait encore jamais vu dans ce genre. Les deux arbres qui dominent sur le premier plan sont exécutés avec une grande hardiesse et une véritable habileté : l'un est un marronnier et l'autre un saule pleureur ombrageant des tombeaux ; leur hauteur est de 65 centimètres, et leur relief est de 25 centimètres. Ces arbres sont d'autant plus étonnants qu'ils sont, ainsi que le sol et toutes les plantes ou les feuillages qui le couvrent, complétement composés avec des cheveux.

MM. Lemonnier exposent en outre une corbeille de Reines-Marguerites de grandeur naturelle entièrement en relief, et imitant parfaitement la nature, quoique totalement confectionnées en cheveux.

Ils exposent aussi des modèles de tresses pour bracelets, colliers et bourses confectionnés en cheveux, toujours avec le meilleur goût et avec une nouvelle perfection, par des moyens mécaniques dont ils sont encore seuls possesseurs.

Ces objets n'étant exposés que pour modèles, les personnes qui désireraient examiner de près et plus attentivement le fini de ces ouvrages curieux pourront se présenter dans les magasins de MM. Lemonnier, qui sont érigés en une véritable exposition publique et permanente.

8. — MILLOT, fabricant et inventeur breveté des *Corsets à buscs mécaniques* pouvant se délacer instantanément, à Paris, rue Neuve-des-Petits-Champs, 77, et seconde maison, rue de Rivoli, 28.

Seul propriétaire des corsets et des *Buscs-Millot*, avec lesquels on peut se desserrer par la pression d'un bouton qui se sent à travers la robe, sans que la toilette en souffre, ni que l'œil le plus vigilant s'en aperçoive ; on peut également, en pressant un ressort, se délacer aussi promptement que la pensée, et remettre son corset de même.

Le mécanisme des Corsets-Millot est garanti 5 ans posé chez lui, et 10 ans lorsque les corsets sont faits à sa maison.

Les corsets, telle forme qu'ils aient, ne gênent nullement la taille; la coupe, les ressorts ou les baleines, sont faits et placés conformément au tempérament des personnes; ils donnent de la grâce sans gêner, ils préviennent les maladies que le corset occasionne lorsqu'il est confié à des mains inhabiles.

M. Millot s'est livré aux études anatomiques afin de perfectionner ses corsets, en laissant à la physiologie des organes la juste liberté d'agir et de se développer, quoiqu'en donnant une grâce remarquable à la taille.

Un docteur est attaché à la maison pour les corsets orthopédiques.

Grand assortiment de corsets sans couture de la maison Robert-Werly.

On fait des envois en tout pays; on peut demander la méthode Millot pour se prendre la mesure soi-même.

9. — BLONDEAU, fabricant de *Pantographes*, à Paris, rue Montesquieu, 6.

Depuis plusieurs années M. Blondeau s'est mis à fabriquer tout spécialement les *Pantographes*, instrument destiné à permettre de réduire ou d'augmenter à volonté avec la plus grande facilité le trait de tous les dessins, plans ou tableaux. Les Pantographes de M. Blondeau sont d'un prix très modéré, puisqu'il est de 20 à 30 fr. en raison de leur grandeur, et ils sont plus commodes que ceux dont on se servait autrefois.

10. — MAYENNE, chirurgien-dentiste de la Faculté de Paris, rue du Petit-Carreau, 2, vis-à-vis la rue du Cadran.

Expose un tableau mécanique représentant deux personnages qui montrent leur bouche tour à tour, garnie ou dégarnie de toutes ou de quelques unes de ses dents.

Inventeur d'instruments particuliers que les observations de vingt ans d'expérience lui ont suggérés, M. Mayenne est arrivé à pouvoir extraire aisément et sans risque du moindre accident les dents les plus difficiles, telles que les dernières molaires et les racines complétement découronnées et plus ou moins recouvertes par les gencives.

Cependant, s'il reste encore quelques ressources, M. Mayenne peut, au moyen d'un baume curatif de son invention, faire cesser instantanément les douleurs les plus violentes des dents cariées que l'on désire conserver, et par ce moyen il arrête les progrès de la carie et reconsolide les dents les plus chancelantes.

Il pose et confectionne lui-même les dents artificielles, et adapte dans la bouche une ou plusieurs dents avec tant de perfection, qu'on ne peut les distinguer des naturelles, et qu'elles facilitent même la prononciation et la mastication.

Enfin, à l'aide d'un petit appareil également de son invention, dont la présence ne cause aucune gêne dans la bouche, il redresse en peu de jours les dents les plus déviées et donne une forme agréable à la bouche la plus disgraciée de la nature.

11. — SINOT, fabricant du *Café concentré*, à Paris, rue Saint-Honoré, 202, près la place du Palais-Royal.

Le café exposé par M. Sinot a été brûlé de manière à ne rien lui laisser perdre de son arome par l'évaporation; aussi il se recommande par sa force et par son parfum aux gourmets et aux consommateurs économes: car ce mode de concentration, en lui conservant toute sa vertu, double sa force, et permet, quand on en fait usage, d'économiser au moins un tiers sur cet objet de consommation. Ce café, étant cette année renfermé dans des flacons hermétiquement bouchés, peut actuellement, sans perdre de sa force et de son arome, être emporté à la campagne pour y en faire usage à volonté.

12. — MONMORY et RAPHANEL, fabricants brevetés de l'*Encaustique sans frottage* pour appartements appelé *Siccatif brillant*, à Paris, rue Saint-Méry, 9.

Cette préparation, solide et d'une odeur agréable, a l'immense avantage de n'avoir pas besoin d'être frottée, de sécher en deux heures en toute saison, de durcir en vieillissant et d'être du plus beau brillant, sans avoir l'inconvénient de faire glisser comme la cire.

Il y a du *rouge*, du *jaune*, de la couleur *noyer* et *transparente*; du noir pour ferrures, et du vert. Cette peinture peut être employées à l'extérieur comme à l'intérieur.

Manière de s'en servir selon le procédé de Monmory aîné et Raphanel, seuls fabricants de ce produit :

Toute personne peut l'employer. Il faut que le carreau ou parquet soit nettoyé et sec ; puis on remuera le vase dans lequel la couleur est contenue, ensuite on l'étendra avec un pinceau propre et sec. Au bout d'une heure ou une heure et demie, on peut passer la deuxième couche, qui est indispensable pour obtenir le brillant et la solidité, et deux heures après s'installer dans la pièce, toutefois en ménageant le frottement pendant quelques jours.

Lorsque le carreau ou parquet deviendra sale, on lavera avec une éponge, on laissera sécher, puis on essuiera avec un mauvais chiffon, et le brillant reparaîtra.

Dans les endroits qui fatiguent le plus, il faut passer un linge imbibé d'un peu d'huile de lin.

Prix : 3 fr. le kilo.

Un kilo suffit pour six mètres carrés à deux couches. — Il faut tenir le vase qui le contient bien bouché afin d'éviter l'évaporation. — Il y a des vases depuis un kilo jusqu'à cent et plus. — On peut se servir d'esprit-de-vin pour nettoyer le pinceau.

13. — ENAULT, cardeur, breveté, à Paris, rue d'Argenteuil, 42.

Se livre spécialement au cardage des matelas, dont il garantit la façon pour ne jamais se déformer ; il les pique par un nouveau procédé. Il blanchit enfin et remet à neuf les vieilles couvertures. Il se charge des mêmes travaux pour la campagne.

14. — GRANGOIR, breveté, serrurier-mécanicien de S. M. la reine des Français, à Paris, rue de Cléry, 80.

Honoré de plusieurs médailles. Il expose une serrure à combinaison nouvellement perfectionnée et rendue plus solide en même temps que d'une plus grande sûreté tout en ayant été simplifiée, pour coffres-forts ; il expose aussi de petites combinaisons pour le service de jour et de nuit, applicables aux serrures des portefeuilles de ministres et des petits coffres à serrer les papiers précieux.

Il expose en outre des serrures à leviers mobiles beaucoup plus perfectionnées que toutes celles parues jusqu'à ce jour ; et depuis quelque temps il confectiome de nouvelles serrures sur lesquelles on peut laisser la clef quelques instants ; d'autres à pompe, dont la clef des domestiques ne peut fermer le gros pêne ; enfin il fait des serrures à la Brahma avec doubles pompes, ce qui les rend bien supérieures à celles de l'ancien système, et il confectionne de petits cadenas égyptiens à prix très modérés pour fermer les valises, les malles et sacs de nuit.

15. — DURAND fils aîné, mécanicien breveté, fabricant de pompes, à Paris, rue Saint-Nicolas-d'Antin, 29.

Ce mécanicien, qui a été honoré de plusieurs médailles d'argent, tout en continuant d'améliorer ses produits et de leur donner un degré de perfection pouvant les rendre de plus en plus dignes de la confiance du public, a cette année imaginé une nouvelle pompe à laquelle il a donné le nom d'Artésienne.

Il expose les objets suivants :

1° L'Artésienne, nouvelle pompe aspirante et foulante applicable à tous les usages ;

2° Une *pompe avec balancier à pendule* donnant avec un seul corps de pompe le produit de deux pompes ;

3° Une *pompe Durand en fonte*, aspirante et élévatoire, fonctionnant avec un volant portant une manivelle mobile qui donne le moyen d'augmenter ou diminuer la course du piston à volonté;

4° Une *pompe en fonte élévatoire*, fonctionnant avec un balancier ;

5° Une *pompe en fonte de* 1838, perfectionnée, fonctionnant avec un élégant balancier, portant un arbre fixe en fer tourné et jouant dans des coussinets en cuivre, ce qui la rend supérieure à toutes les autres et lui donne l'avantage d'enlever à volonté son piston sans démonter la pompe ;

6° La *petite pompe-citerne*, remarquable par son produit d'eau et sa douceur ;

7° Un modèle de sa *couverture parisienne*, qu'il garantit dix ans.

Les nombreuses commandes que reçoit tous les jours cet industriel sont une sûre garantie de la bonne confection des appareils montés dans ses ateliers.

Il a surtout la vogue pour les pompes devant descendre dans les puits d'une grande profondeur; il fabrique spécialement les *garde-robes tournant des deux côtés*, dont il est l'inventeur, et la garde-robe qui porte son nom a la puissance d'arrêter en tout temps le gaz des fosses sans le secours de l'eau.

16. — MASSUE, fontainier, fabricant de *Pompes* et de *Garde-robes*, à Paris, rue de Cléry, 72.

Fabrique et expose :

1° Une *pompe en fonte* donnant de 4,000 à 7,000 litres d'eau à l'heure, suivant la profondeur du puits;

2° Une *garde-robe à effet d'eau tournant* des deux côtés, grand modèle;

3° Une *garde-robe* à effet d'eau, modèle n° 2;

4° Un *pot à bascule inodore;*

5° Un *siége en fonte* à bascule pour lieux communs.

Ces divers produits se font remarquer par leur simplicité et la régularité de leur marche.

17. — **LOUIS MENU**, fabricant breveté, boulevart Montmartre, 18, membre de la Société d'encouragement et de l'Académie de l'Industrie.

Expose :

1° Un appareil dont il est l'inventeur et qu'il nomme ABAT-JOUR MENULISE, breveté pour 15 années par ordonnance royale du 26 mai 1841.

Ce petit appareil, à l'usage de toutes les fortunes, descend imperceptiblement, seul et sans y toucher, sur la bougie ou chandelle à mesure de la combustion, et fait obtenir les avantages suivants :

1. *Plus de lumière.*
2. *Point de coulage.*
3. *Economie d'un cinquième.*
4. *Conservation de la coiffe.*

Pour les tables de jeux, travaux d'aiguille et de cabinet, lecture au lit, etc., il est bien préférable aux lampes, dont il réunit les avantages sans en avoir les inconvénients.

Prix : 1 fr. 50 c.

Les coiffes se vendent à part.

Manière de procéder.

1° Fixer droit la bougie ou chandelle ;
2° Vérifier si l'appareil est bien net à l'intérieur ;
3° Le placer ;
4° Ajuster la carcasse ;
5° Allumer ;
6° Poser la coiffe.

L'inverse pour défaire.

Sur la bougie, le tube se détache à froid en l'ébranlant; sur la chandelle, on l'enlève à chaud.

L'appareil fonctionne publiquement tous les jours, boulevart Montmartre, 18.

2° L'ETEIGNOIR MENULISE, fonctionnant seul et sans y toucher, pour lecture au lit, sans crainte du feu en cas de sommeil.

Prix : 1 fr. 50 c., indépendamment de l'appareil, dont il est également inventeur et breveté par ordonnance royale du 2 avril 1842.

Ce mécanisme ingénieux est, pour ainsi dire, le corollaire obligé de l'*Abat-Jour Menulise*; il s'y adapte et descend simultanément, sans nuire à l'éclairage, jusqu'au point fixé par le lecteur pour l'extinction de la lumière, au moyen d'une simple épingle.

3° Enfin un assortiment complet de GARDE-VUE en papiers coloriés, découpés, vernis et transparents, qu'il fait exécuter sur des dessins de sa composition.

18. — GILLET, ferblantier-lampiste, fabricant breveté du *Rota glaciateur*, à Paris, rue du Port-Mahon, 14.

Fabrique et expose un instrument appelé *Rota glaciateur*, propre à confectionner des glaces à manger en 35 minutes, par un moyen facile et si peu pénible, qu'on peut, avec son secours, confier ce travail à la première personne venue, et même à un enfant.

19. — Hector DELATAILLE, ferblantier breveté, à Paris, rue Montmorency, 40, près celle Saint-Martin.

Fabrique et expose une BAIGNOIRE dite *Delataille*, formant fauteuil, ayant toutes les qualités requises pour la commodité, ainsi que pour ne pas craindre d'être submergé; plus un CHAUFFOIR A CYLINDRE dit *Delataille*, ne donnant aucune vapeur *désagréable*, et, par conséquent, sans aucun danger, ne consommant que pour 20 centimes de charbon et pouvant chauffer un bain en moins de 40 minutes, ce qui le rend d'une grande économie pour tous les états sujets à se servir d'eau chaude, tels que teinturiers, etc.

20. — TEXIER, sculpteur, fabricant breveté de *statues en pierre factice*, analogue au *ciment*

de Dihl, à Montmartre, Chemin-Neuf, rue Sainte-Marie-Blanche, 1, près la barrière Blanche.

Les statues en pierre factice de M. Texier, en ayant la propriété, comme celles du ciment de Dhil, de durcir et de se conserver au grand air, et de ne pas craindre les intempéries des saisons, obtiennent chaque jour un nouveau succès. On peut, en examinant les divers objets qu'il expose, s'assurer de la finesse du grain et de la perfection qu'il donne à ses produits.

21. — CONTAMINE, fabricant de bronze pour le bâtiment, à Paris, rue Geoffroy-Lasnier, 18.

Il est breveté d'invention, d'importation et de perfectionnement, pour de nouveaux systèmes de fermetures de croisées sous la dénomination de *Parisiennes* mécaniques, avec gâches, à rouleaux cylindriques à pivot. Ces nouvelles fermetures ont pour but de remplacer d'une manière avantageuse celles connues jusqu'à ce jour, d'offrir beaucoup plus de solidité, et de remédier par ce moyen au gauchissement des croisées.

Il fabrique aussi des espagnolettes ciselées en tous genres, fait des palâtres ciselés de serrures de différents modèles, des targettes de toutes grandeurs, des boutons ciselés de toutes formes, des béquilles, différentes pommes pour le couronnement des pilastres de rampes, et généralement tout ce qui concerne le bâtiment.

22. — CLERVILLE, *coiffeur*, breveté pour les *Perruques hygiastelniques*, à Paris, rue Montorgueil, 84.

Expose des *perruques hygiastelniques*, c'est-à-dire salubres et ne pouvant se rétrécir, sans ruban, sans tulle et sans couture; ce qui les empêche d'avoir de la transparence ou une épaisseur désagréable, avantages dont on apprécie aisément l'importance quand on se rappelle que le ruban et le tulle, en donnant aux perruques de l'épaisseur, interceptent l'air, et les empêchent de sécher sur la tête lorsqu'elles ont été mouillées par la transpiration.

Sa spécialité étant le postiche en général, il est parvenu aujourd'hui à fabriquer ce genre avec un bien grand degré de perfection, au moyen des procédés nouveaux et ingénieux qu'il emploie constamment dans leur confection, ainsi que dans celle de ses jolis cachefolies, demi-cachefolies, tours de tous genres pour dames, et enfin de tous les ouvrages qui sortent de chez lui.

23. — CHRÉTIEN, inventeur breveté de *garde-robes inodores* et d'un *cadran médical*, à Paris, boulevart Saint-Martin, 17.

Expose :

1° Un CADRAN MÉDICAL, permettant à la personne qui soigne un malade de rédiger sans peine et de la manière la plus détaillée un procès-verbal rendant compte d'instant en instant de l'état d'un malade, des moindres incidents qui se présentent et des progrès que fait le mal ou la guérison.

2° Une GARDE-ROBE INODORE, sans emploi d'eau et ne pouvant se salir. Elle peut servir à deux personnes au moins six semaines sans être vidée, ce qui se fait comme avec un pot de nuit ordinaire.

24. — TARD, inventeur breveté d'un système perfectionné pour la *clarification des eaux, huiles végétales* et *animales, vins, bières, sirops, vinaigres*, etc., à Paris, quai de Billy, 2.

Ce procédé, consistant dans la découverte et la combinaison d'une nouvelle matière, permet d'employer des couches filtrantes de trois à six centimètres au plus d'épaisseur, suivant la nature du liquide.

Les appareils, d'une petite dimension, peuvent fonctionner dans les localités les plus restreintes et sous toutes les pressions.

Point de pertes d'imbibition, promptitude d'exécution, produits parfaits, facilité dans le travail et le nettoiement, tels sont les avantages que présente ce nouveau système de filtration.

25. — G. GAUTIER, fabricant du *Café omnifer* torréfié par le *concentrateur d'arome*, à Paris, rue Saint-Maur-Popincourt, 80.

La torréfaction du café a pour but de lui enlever son âcreté et de développer son principe aromatique, c'est-à-dire son huile essentielle empyreumatique, sans laquelle le café ne serait qu'une substance inerte. Qui n'a été frappé de l'odeur agréable qu'il exhale en le brûlant? Tout l'air environnant en est imprégné, et l'on peut assurer, d'après les études et l'analyse faites du café, que les 9/10 de son parfum sont volatilisés. Le problème que M. Gautier s'est proposé était donc de trouver un appareil qui pût, d'une part, éliminer le principe âcre, et, de l'autre, conserver tout son parfum aromatique, seule partie active, utile et agréable, du café. Il y est enfin parvenu, mais non sans de longues et laborieuses recherches. D'après cet exposé, il est facile de comprendre le charlatanisme des annonces de café à la vapeur, café à l'air chaud, etc. : car le bon sens indique que le mode de production du calorique est ici indifférent, mais qu'avant tout il fallait s'attacher à conserver toute l'huile essentielle empyreumatique, sans laquelle le café n'est plus que du charbon. Au reste, les produits du concentrateur d'arome sont là pour constater l'immense supériorité de ses cafés sur tous les autres.

DÉPOT *passage Choiseul*, *n° 53*, *chez M. Séguin.*

26. — DELARUELLE (V^e^) et LE DANSEUR, fabricants de pastels, crayons et couleurs, à Paris, rue du Petit-Thouars, 21, dans la cité Bouflers, enclos du Temple.

Ayant obtenu une médaille d'argent à l'Athénée des arts pour des crayons de couleur à dessin, et de l'Académie de l'industrie pour le perfectionnement de ses pastels.

Ce fabricant fait toutes sortes de crayons à dessin, et particulièrement les crayons en noir d'Etna pour l'huile, la gouache et l'estompe, d'excellents crayons de couleur à retoucher, des tablettes de couleurs fines, des crayons-lignes de divers numéros, et surtout des pastels fins pouvant parfaitement bien se tailler.

27. — DOYEN, serrurier breveté, à Paris, rue Saint-Guillaume, 5, faubourg Saint-Germain.

Fabrique et expose des serrures nouvelles à marche horizontale et verticale, des verrous à pannetons avec chiffres variés et pompe de côté, puis des serrures de sûreté avec gorges à revers.

28. — A. DURAND, fabricant de papiers de décors, rue de Charenton, 111 bis.

Expose des papiers de décors peints à la main, imitant des bois, marbres et agates vernis ou lisses; imite les bois par un nouveau procédé, et leur donne un ton de relief aussi vrai que celui obtenu avec l'huile. Sa maison, la seule en ce genre, pose son cachet sur tous les papiers, portant un ton roux, pour garantir qu'ils sortent de sa fabrique.

29. — HUREZ, fabricant breveté de *cheminées*, de *calorifères* et de *poêles*, à Paris, rue du Faubourg-Montmartre, 42.

Déjà, aux expositions des années précédentes, M. Hurez se

faisait remarquer comme un des caminologistes les plus habiles de Paris; aussi a-t-il reçu plusieurs médailles, et de l'Académie de l'industrie en particulier, en 1842, une médaile d'or, pour l'élégance et le fini de ses appareils.

Mais, toujours infatigable dans ses recherches d'amélioration, il vient encore cette année de perfectionner son nouvel appareil pour brûler l'anthracite. Ce travail n'est point un de ceux qui lui ont donné le moins de peine; aussi est-il arrivé, après de grandes recherches, à obtenir le résultat le plus heureux, et à dépasser les productions qui ont paru jusqu'à ce jour en Angleterre et aux Etats-Unis.

M. Hurez s'est en outre appliqué depuis long-temps à réunir dans ses ateliers les appareils qui offrent le meilleur mode de chauffage, l'économie d'achat et de consommation, ainsi que l'élégance des formes; on peut donc être assuré de trouver chez lui un grand choix de *cheminées* soit à *bois* et à *la française*, soit à *charbon de terre* de formes *anglaises* ou *flamandes*.

Ses appareils à double régulateur pour activer d'abord la combustion sans fumée, et en recevoir ensuite tout le calorique, ainsi que ses calorifères, ont obtenu l'assentiment de tous les connaisseurs.

Enfin, ses *fourneaux de cuisine*, établis à l'instar de ceux du Nord, offrent, par leur bon marché et leur économie, les plus grands avantages.

M. Hurez n'a rien négligé pour faire ressortir de plus en plus la bonté de ses calorifères, de ses cheminées forme anglaise, pour charbon de terre et charbon de bois; la confection de ses cheminées flamandes, de ses appareils à double régulateur, ainsi que de ses fourneaux cuisinières de différents genres et d'un résultat parfait et éprouvé, offrent des objets qui joignent à l'économie et à la commodité du chauffage les formes et la grâce les plus désirables, avec les ornements les plus variés en fonte ou en cuivre, et dont le travail mérite de fixer l'attention.

30. — PETIT (Adrien), pharmacien, breveté, fabricant de *clysopompes* et de *pompes de jardin*, à Paris, rue de la Cité, 19.

Fabrique des *clysopompes* perfectionnés, garantis et à jet continu; il fabrique aussi de petites *pompes d'arrosement* pour les jardins, les seules approuvées par la Société royale d'horticulture.

31. — FICHET (César), tenant une *école d'architecture*, *arts* et *métiers*, à l'instar de celle de Châlons, 28, rue Basse-du-Rempart, à Paris.

Cette école est propre à former 1° des commis pour toutes les professions du bâtiment; 2° des commis mécaniciens; 3° des candidats pour les écoles des beaux-arts, des arts et manufactures de Châlons, etc., etc.

Au premier plan de son exposition sont placés des modèles de géométrie descriptive matérialisée et des pièces de trait exécutées en présence de la commission nommée pour juger des résultats de cette école, à laquelle cette commission a accordé son approbation.

32. — ROUSSEVILLE, fabricant de couverts, seul breveté pour l'alliage appelé *Wolfram*, à Paris, rue Saint-Martin, 155, au coin de la rue Neuve-Bourg-l'Abbé.

Honoré d'une médaille d'honneur pour la bonne qualité de ses produits, M. Rousseville fabrique avec un alliage sonore, blanc et solide, de son invention, des *couverts* d'une parfaite qualité, des *tabatières*, des *théières*, des *bols*, des *timbales*, des *soucoupes*, des *plats* et des *casseroles*, objets qui tous sont poinçonnés par les mots WOLFRAM R.-S. BREVETÉ. Il fabrique en alliage fin des clysopompes à jet continu à des prix modérés, et ne le cédant à aucun autre pour leur qualité supérieure.

Enfin il fabrique toujours tous les articles de la poterie d'étain.

33. — VOITELAIN, fabricant de cheminées, à Paris; ses magasins sont rue Bourbon-Villeneuve, 57, et ses ateliers rue Guérin-Boisseau, 35.

Expose une cheminée garnie, pour la première fois, d'un APPAREIL EN FAYENCE *avec caisson et régulateur*, le tout pouvant s'adapter à toutes les cheminées ordinaires. On doit remarquer que ces caissons de M. Voitelain ont l'avantage, par suite de leur disposition intérieure, de garantir de la fumée, de n'apporter aucun obstacle au ramonage et de donner beaucoup plus de chaleur que les autres caissons et avec moins de combustible; enfin, il faut encore faire attention qu'au moyen du régulateur, qu'il est aisé de mettre en mouvement par un bouton placé sur le côté de l'appareil, on peut hâter ou ralentir la combustion, qui peut même être immédiatement arrêtée en cas d'incendie.

Il expose encore une devanture en cuivre ciselé pour le cabinet du roi à l'Hôtel-de-Ville et un calorifère; et il fabrique des cheminées en lave, en bleu Fleury, ainsi que des devantures en cuivre de formes concave et convexe, et tient toujours dans ses magasins un grand assortiment de cheminées plus ou moins riches et d'un prix plus ou moins élevé.

34. — PENANT-GODARD, fabricant de *café aromatherme*, à Paris, rue de l'Arbre-Sec, 60, près la rue Saint-Honoré.

Le café aromatherme, préparé à l'air chaud, n'est point affaibli par l'évaporation. Il conserve entièrement son arome, qui, grâce au procédé de concentration de M. Penant, joint un tiers en plus de force à un parfum délicat, que n'a point altéré l'action chimique des fourneaux, dont le résultat ordinaire est l'amertume et l'âcreté.

Ce café, ne contractant aucun des principes irritants qui résultent des appareils ordinaires, est aussi bienfaisant qu'agréable et sans aucun danger pour les personnes nerveuses.

Ce café est confectionné de manière à posséder deux qualités différentes, qui le rendent tout spécialement propre à prendre ou avec du lait, ou, suivant le désir, simplement à l'eau.

35. — FRÉDÉRIC, mécanicien breveté, à Lyon, rue Tables-Claudiennes, 11.

Ce mécanicien vient d'inventer un nouvel appareil propre au curage des fosses d'aisance, qui paraît devoir rendre de grands services, surtout dans toutes les villes de grande population, où cette sorte d'opération doit nécessairement se répéter très souvent. — Les résultats qu'il vient d'obtenir sont tellement satisfaisants, qu'un certificat fort honorable lui a été délivré par M. le maire de Lyon, ainsi que MM. les adjoints et plusieurs personnes notables de la ville, qui ont constaté que la machine de M. Frédéric, qu'ils ont vu fonctionner plusieurs fois, leur a paru *fort ingénieuse*, tout à fait *pratique*, et qu'elle peut être employée avec *beaucoup de succès et d'utilité*. Cette machine est en effet destinée à rendre le curage des fosses beaucoup *plus prompt*, *moins insalubre* et *bien plus facile*.

36. — SANDERS, fabricant breveté de fontaines à thé, à Paris, rue Soly, 13, quartier du Mail.

Il expose des fontaines à thé dites *fontaines* SANDERS, de son invention; elles sont perfectionnées de manière à faire bouillir l'eau avec économie de temps, soit avec des charbons allumés, soit avec l'esprit-de-vin, soit même simplement avec un fer rougi au feu, et elles réunissent pour l'usage la propreté, l'économie et l'utilité.

M. Sanders fabrique en outre tous les articles qui concernent son état, tant ceux à bas prix que les modèles les plus riches, les plus nouveaux, et décorés d'ornements relevés et ciselés.

37. — SAJOU, dessinateur, fabricant de *dessins de tapisserie*, breveté de S. M. la Reine et de S. A. R. Madame la duchesse d'Orléans, à Paris, rue Michel-le-Comte, 21.

Les dessins qu'il expose justifient les titres dont il est honoré, et les deux médailles d'argent et de bronze qui lui ont été décernées en 1841 et 1842. Leurs prix sont infiniment au dessous de ceux des dessins de Berlin, quoique leur exactitude leur soit véritablement supérieure, leur trait plus régulier et l'entente des couleurs mieux ordonnée.

38. — FÈVRE (D.), fabricant de *poudres gazeuses*, à Paris, rue Saint-Honoré, 398, au premier.

Fabrique et expose de la *poudre de Seltz*, de la poudre pour *limonade gazeuse*, pour *vin de Champagne à un sou la bouteille*. La poudre de Seltz ne sert pas seulement à faire à l'instant même une boisson agréable et hygiénique; les nombreuses expériences de *Falconner*, de Mascagny, de l'évêque de Landoff, ont constaté depuis long-temps que la poudre de Seltz rend surtout un grand service à la santé publique dans tous les pays où l'eau malsaine engendre chaque année des fièvres et autres maladies.

39. — VAUVRAY aîné et fils, lampistes, brevetés pour lampes à régulateur et lyres à gaz, à Paris, rue Phelippeaux, 23.

Tient une des maisons les plus honorablement connues de tout Paris, fabrique généralement les lampes carcel ou mécaniques, les lampes soleil à pied et suspendue, les pendules en bronze et en zinc, les candélabres, flambeaux antiques et autres lampes de diverses natures.

Il expose spécialement des LAMPES A RÉGULATEUR et LYRES A GAZ, pour lesquelles il s'est fait breveter et qu'il fabrique depuis quelques mois.

40. — JAMINET-CORNET, fabricant breveté de fontaines polyfiltres sans fer, à Paris, rue du Four-S.-Germain, 26, et Sainte-Marguerite, 19.

Fabrique et expose des appareils polyfiltres portatifs, à 6, 8, 10 et 12 fr., et au dessus, pouvant filtrer depuis 10 litres par heure jusqu'à 50 et au dessus, se montant dans un tonneau ou dans un baquet et dans un seau. Expose en outre des appareils mobiles pour le filtrage de l'eau à bord des navires. Enfin il expose une fontaine octogone en glace pour démontrer l'opération du filtrage de l'eau par divers procédés, et comparer les différences qui existent entre les anciens filtres et son procédé.

41. — BÉCHARD, mécanicien-orthopédiste-bandagiste, à Paris, rue de Tournon, 15.

Expose divers appareils propres au traitement des déviations de la taille et des membres, science nouvelle dont on obtient chaque jour de si nombreux et si importants résultats. Il fabrique aussi pour les malheureux estropiés, victimes des hasards cruels de la guerre ou de tous autres accidents, des mains et des jambes artificielles, dont les prix sont plus ou moins modérés en raison du degré de perfection qu'on exige dans leur mécanisme.

42. — MOUSSIER-FIÈVRE, orfèvre, bijoutier et horloger, inventeur breveté du *minofor*, à Paris, rue des Fossés-Montmartre, 27.

Fabrique et expose tout le service de table en MINOFOR, métal blanc sain et sonore, sans cuivre, imitant parfaitement l'argent et ne demandant pas plus d'entretien que l'argenterie.

La qualité de ce métal permet de faire au marteau et à l'estampe des soupières, des théières, des cloches et réchauds, porte-huiliers, flambeaux, etc. Il se dore au vermeil et son prix modéré le met à la portée de tout le monde : ainsi celui des couverts unis est de 2 fr., et celui des couverts à filets, de 2 fr. 25 c.; les cuillères à café, de 4 à 5 fr. la douzaine. Les pièces sortant des ateliers sont estampillées au nom *Minofor* et *M. F. A.*, et il est à remarquer que les produits de cette fabrique coûtent, matière et façon, moitié moins cher que la façon de l'argenterie.

43. — VAUVE DES ROYS, professeur de grammaire et inventeur breveté d'une *Méthode d'analyse* descriptive pour apprendre, sans le secours de la grammaire, l'orthographe française, à Paris, rue Richelieu, 48.

Cette méthode a pour but de faire reconnaître au moyen du 1er tableau le substantif d'avec l'adjectif, par le secours du seul mot *chose* : ce tableau remplace toute la 1re partie de la grammaire; le 2e tableau démontre la nature de l'adjectif et son emploi; le 3e sert à faire les analyses; le 4e est le complément du 3e;

il établit le rapport des mots régissants et des mots régis, soit entre eux, soit avec le verbe. Cette démonstration est facile à saisir, puisqu'elle est rendue sensible au moyen d'un plan visuel et géométrique. Le 4e tableau, destiné aux enfants, apprend l'analyse par le jeu du casse-tête chinois. Dans ce tableau l'analyse est mise en action, et les enfants apprennent le rapport du verbe au sujet et au régime sans peine, puisqu'ils sont guidés dans leur travail par l'attrait de former ces petits tableaux. M. Vauve des Roys a établi des cours permanents pour l'application de cette méthode.

44. — MARCELIN, fabricant de bois mosaïques, à Paris, petite rue de Reuilly, 3, près la rue de Charenton.

Les meubles, les boiseries, les parquets et tous les autres produits de cette fabrique, qui a obtenu une médaille en 1839, sont remarquables par leur richesse et leur précision. Ils ont un cachet particulier et original qui satisfait l'œil et le goût en même temps qu'ils peuvent être considérés comme des travaux d'art et de patience.

45. — LEBRUN, mécanicien, inventeur breveté du *nautile de sauvetage* et du *chariot tuteur*, à Paris, rue du Faubourg-du-Temple, 31.

Expose une ceinture qu'il appelle NAUTILE DE SAUVETAGE, ayant l'avantage de pouvoir soutenir sur l'eau une personne qui ne sait pas nager, et porter au rivage le naufragé surpris par la tempête; il expose en outre un CHARIOT TUTEUR *hygiénique* pour les enfants.

46. — HENRY, teinturier-dégraisseur-apprêteur, à Paris, rue Saint-Honoré, 185, vis-à-vis la rue Croix-des-Petits-Champs.

Vient d'obtenir par un nouveau procédé un bleu sur soie qui, par son éclat et sa solidité, a été jugé bien au dessus de ceux faits jusqu'à ce jour. Il s'est aussi occupé des noirs, également sur soie, et il est parvenu à imiter tout à fait les noirs de Lyon, ce qui l'a obligé à vaincre de grandes difficultés, car il est des moyens que l'on emploie à Lyon pour teindre la soie en botte qu'il a fallu remplacer par d'autres pour la teindre toute tissée et parvenir au même résultat, sans altérer en quoi que ce soit la qualité ni le briliant du neuf.

47. — MOUNIER, garnisseur de nécessaires, à Paris, rue d'Anjou, 9, au Marais.

Se livre particulièrement à la confection des garnitures de nécessaires, et fabrique les objets de fantaisie pour étrennes et pour confiseurs; il garnit à façon en velours et en soie pour MM. les tabletiers, bijoutiers en doré et fabricants de bronze; enfin il fait en général tous les objets de fantaisie.

48. — DESBORDES, fabricant brevété d'*instruments de mathématiques et de physique*, à Paris, rue Saint-Pierre-Popincourt, 20, en face du boulevart, près la rue Ménilmontant.

Les ateliers de M. Desbordes, ayant été depuis quelque temps considérablement agrandis, sont actuellement établis de manière à lui permettre de livrer au commerce tous les instruments de physique, de mathématiques, d'astronomie, de géodésie, d'arpentage et de nivellement, au plus bas prix possible, tout en leur donnant le plus grand degré de précision; il confectionne également de petits modèles de machines à vapeur, de presses hydrauliques et d'appareils divers propres à démontrer l'application des sciences aux arts; il fabrique enfin tous les objets qui rentrent dans le domaine du constructeur d'instruments de précision, dont un grand nombre a été et est encore chaque jour livré au Conservatoire des arts et métiers de Paris, à l'Ecole des arts et métiers d'Angers et de Châlons, et dans une foule de cabinets de physique.

Il expose les instruments suivants, par lui inventés ou perfectionnés :

Un niveau-cercle à lunette et à vis calante, sur lequel M. Olivier a fait à la Société d'encouragement un rapport des plus favorables;

Une *machine pneumatique* à double épuisement, système de M. Babinet, mais donnant un vide encore plus parfait, et quoique pouvant être vendue au même prix;

Un *niveau indicateur* ou *niveau de sûreté* pour placer sur les chaudières à vapeur, marchant à haute ou basse pression, et construit de manière que le gardien peut arrêter immédiatement toute communication de l'eau ou vapeur de l'intérieur avec l'extérieur dans le cas où le tube viendrait à se fendre;

Des *manomètres à air libre* et *à air comprimé*, d'une précision parfaite, et offrant dans leur application toute la sûreté possible;

Des *compas à verge*, dont les poupées sont ouvertes à la partie supérieure, pour pouvoir y fixer des règles de toutes les longueurs;

Des *compas à trois branches pour tracer les ellipses*, se manœuvrant avec la plus grande facilité ;

Des *compas à demi-cercle pour tracer également* les ellipses ;

De petits modèles avec cylindres en cristal pour faciliter la démonstration de *presse hydraulique*, de *machines à vapeur*, de *cafetières*, et d'une foule d'autres appareils ;

Des *boites de mathématiques* de toutes les grandeurs et de tous les prix, avec assortiment de *compas à la Desbordes* ;

Une *petite machine à comprimer l'air et les gaz*, établie d'après un nouveau système ;

Un *appareil à essayer les bouteilles*, avec mouvement rotatif et doubles soupapes, perfectionné de manière à accuser juste la pression que supportent les bouteilles jusqu'à l'instant où elles viennent à se briser ;

Un *casse-fils* pour apprécier la résistance des fils de chanvre ou de lin.

Et d'autres instruments pour apprécier la force alcoolique des liquides.

49. — LEBRUN, *relieur*, à Paris, rue Grenelle-Saint-Germain, 126.

Ce relieur, qui réunit le bon goût à la solidité, expose divers volumes reliés avec encadrement composé de filets placés à la main et à petits fers dans le genre Grolier. On y remarque surtout le seul exemplaire existant de l'ouvrage intitulé *Essequie della sacra cattolica e Real maesta di Marguerita d'Austria di Spagna*, appartenant à M. le baron Taylor, plus un autre dans le même genre à mosaïque, intitulé *Antonio*, à M. Sainte-Fare-Bontemps.

50. — FARGE, fabricant breveté de *parapluies*, à Paris, passage des Panoramas, 6, galerie Feydeau.

Après de longues recherches et de nombreux essais M. Farge est parvenu à réunir dans la *canne parapluie* de son invention la solidité à l'élégance et la modicité du prix à une excellente confection.

Cette *canne parapluie*, très supérieure à tout ce qu'on a fait jusqu'à ce jour, a été l'objet d'une mention honorable à la Société d'encouragement et d'un rapport favorable à l'Académie de l'industrie ; elle a l'apparence d'une canne de grosseur ordinaire et contient un *parapluie complet*, que ses huit baguettes en acier trempé rendent plus solide que les parapluies ordinaires ; il s'ouvre avec autant de facilité.

La *canne parapluie Farge* offre le double avantage de pouvoir servir de canne et de parapluie séparement, ou des deux objets réunis en un seul.

Le *parapluie et l'ombrelle tubes*, du même inventeur, ont l'incontestable avantage d'être plus solides et moins volumineux que ceux ordinaires, l'acier trempé remplaçant la baleine. Les dames préféreront ces ombrelles, dont l'élégance a atteint le dernier degré de perfection.

On trouve chez M. Farge non seulement tous les genres de parapluie parus depuis 1742 jusqu'à ce jour, mais un choix très varié de parapluies et d'ombrelles ordinaires et de luxe, des fouets, des cravaches en cornes de rhinocéros et d'hippopotame, et des bois de cerfs et chevreuils montés et non montés, etc., etc.

Manière de faire usage de la canne-parapluie Farge.

1° Pour employer la canne ou le parapluie séparément, il faut *ôter la pomme de la canne, tirer le parapluie, l'ouvrir par la méthode ordinaire, remettre ensuite la pomme de la canne.*

2° Pour se servir des deux objets réunis comme parapluie, on doit *introduire le manche du parapluie dans la canne, appuyer un peu sur le coulant pour le faire entrer; la pression de la pomme suffit pour le maintenir.*

51. — VIOLARD, fabricant de *dentelles*, breveté pour l'importation en France de la fabrication des applications de Bruxelles, à Paris, rue de Choiseul, 2 bis.

Ce fabricant s'applique tout spécialement à suivre le goût et les fantaisies de la mode avec les plus louables succès. Aussi, pour lui prouver combien elle portait d'intérêt à cette marche progressive, l'Académie de l'industrie lui a-t-elle décerné une médaille d'or.

« Dans les dentelles fabriquées par M. Violard, dit le rapport de cette Société, l'on voit des mailles uniformes, des fleurs riches et si bien variées, que le même dessin ne se retrouve jamais dans la même pièce; pourtant toutes ces fleurs sont composées de manière à pouvoir toujours s'harmoniser avec l'effet qu'elles doivent produire, et toutes elles ont une légèreté spéciale qui laisse dans le dessin des repos dont l'œil est satisfait. »

M. Violard s'est adonné à la fabrication des dentelles en fil d'un genre tout spécial, et on lui doit de faire travailler dans ses ateliers, avec le plus grand succès, à la fabrication des dentelles en fil, genre de Bruxelles. Ces applications indigènes de la fabrique de M. Violard se distinguent par une harmonie de dessin dont le goût et la richesse ne peuvent se retrouver que dans les Bruxelles véritables que fait confectionner aussi la même maison.

Ainsi il peut offrir un assortiment des plus complétement parfaits, et aux prix les plus modérés qu'il est possible d'obtenir, de voiles, écharpes, volants, robes, fichus et mantilles en toute espèce de dentelles. En conséquence, pour en offrir la meilleure preuve au public, M. Violard expose cette année un complet assortiment d'échantillons des diverses dentelles qu'il fait journellement fabriquer.

52. — HOEFER, *ébéniste*, *breveté de M. le duc Alexandre de Wurtemberg*, à Paris, rue Saint-Antoine, impasse Guémené, 8.

Ce fabricant, qui a obtenu une médaille à l'exposition de 1839, et dont les produits, mis à l'exposition de l'Académie de l'industrie, lui ont mérité une grande médaille d'argent et une en platine, s'est de nouveau signalé cette année, tant par son bon goût que par les améliorations qu'il a apportées dans la confection de ses meubles, dont on ne peut trop admirer l'élégance, et qui sont pourtant, comparativement avec beaucoup d'autres, d'un prix extrêmement modéré.

Il expose plusieurs jolis petits meubles pour dames, tels que bureaux de dame, toilettes, tables à ouvrage et corbeilles de mariage pouvant servir de tables à ouvrage. Tous ces meubles, en palissandre, en ébène ou en bois de rose, et richement ornés, ont été confectionnés sur les propres dessins de M. Hoefer et se font remarquer par l'élégance de leurs formes et le bon goût de leurs ornements. Aussi est-il rare qu'ils restent long-temps dans les magasins du fabricant, qui confectionne également sur commandes.

53. — NOCUS, fabricant de *cristaux filigranés*, à Paris, rue du Rendez-vous, 50, hors la barrière du Trône, et dépôt à Paris, rue Quincampoix, 49.

Fabrique et expose des CRISTAUX FILIGRANÉS et *torcinés*, des *émaux* de toutes les couleurs, des *imitations de pierres fines*, du *flint-glass* et du *crown* pour l'optique, du *cristal doublé* et tout ce qui a rapport à la vitrification.

54. — VÉRONT, fabricant de gants, à Paris, rue du Dauphin, 7.

Fabrique et expose des gants de chèvre et de chevreau pour dames ou pour hommes et pour soirées, maintenus fermés sur le poignet par un nouveau bouton de son invention.

55. — PLAULT, fabricant de *chocolat*, à Paris, rue de la Chaussée-d'Antin, 41.

M. Plault fabrique tout spécialement le chocolat de qualité superfine, dont le prix, chez lui, est pourtant très modéré. Il le glace en outre d'une telle manière, qu'il conserve long-temps son brillant sans se ternir ; ce qui le rend très précieux quand on désire en acheter de grandes quantités à la fois. Il fabrique et expose aussi des *pastilles de chocolat à liqueur*, du *chocolat praliné* et des *olives à la pistache.*

56. — GÉRARD (Aubert-Joseph), fabricant d'*outils montés*, à Paris, rue Saint-Antoine, 193.

M. Gérard se livre tout spécialement à la fabrication et à la construction des montures de toutes les espèces d'outils; aussi MM. les ébénistes, ainsi que les facteurs de pianos et les quincailliers, trouvent toujours chez lui un assortiment de montures et d'outils de menuisiers et d'ébénistes.

57. — FAURE, fabricant de fauteuils, rue du Faubourg-Saint-Denis, 14, à Paris.

Se livre à la fabrication toute spéciale des fauteuils pour meubles de salon, genres gothique, renaissance, rocaille et moderne. On trouve chez lui un assortiment complet de fauteuils en bois doré, style Louis XV, avec ornements en cuivre ciselé et doré, ainsi que des fauteuils et chaises en bois divers pour chambres à coucher, boudoirs, cabinets et salles à manger.

58. — LAMY, ferblantier, fabricant de zinc, à Paris, boulevart Beaumarchais, 63.

Se livre particulièrement à la fabrication des baignoires et autres objets en zinc poli, pouvant toujours être maintenus propres, et réunissant la solidité à l'élégance des formes.

59. — POUILLE, lampiste, breveté, à Paris, rue Royale-Saint-Martin, 2 et 4.

Fabrique et expose des *lampes à réservoir supérieur* et *à double corps*, imitant par leur forme inférieure et par la beauté de leur lumière les carcels, quoique n'ayant aucun mouvement mécanique, et tout en n'exigeant, par conséquent, que les soins des lampes ordinaires. Elles peuvent servir pour salons et salles à manger comme lampes à pied et à suspension.

60. — LEPERDRIEL, *pharmacien* breveté, à Paris, rue du Faubourg-Montmartre, 78.

Expose des *taffetas rafraîchissant* et *épispastique*, de la *toile vésicante*, des compresses en papier, du linge carboné *désinfectant*, des *bas à varices* élastiques en caoutchouc et autres produits, tous approuvés par les plus célèbres médecins de Paris.

61. — LACHAVE, ex-instituteur du prince Eugène de Savoie-Carignan, professeur de langues à l'école polymatique, inventeur breveté des *tablettes cristallines* ou *ardoises transparentes* pour l'éducation élémentaire des jeunes enfants, à Paris, rue Fontaine-Saint-Georges, 11.

Ces tablettes cristallines ou ardoises transparentes d'un blanc de porcelaine et de toutes couleurs servent avec succès à l'éducation élémentaire des jeunes enfants jusqu'à ce qu'ils puissent écrire avec fruit sur le papier. Cette ingénieuse invention a été honorée dès son apparition du suffrage et de l'approbation des plus recommandables maisons d'éducation de Paris : les succès obtenus la recommandent à toutes les mères de famille, précepteurs, institutrices, etc. La tablette renferme une méthode d'écriture graduée ou une méthode de dessin : un crayon spécial pour les jeunes mains favorise les progrès de cet art si difficile aux enfants. On évite par ce procédé les taches d'encre et les accidents qu'occasionne l'usage des plumes. La blancheur, la transparence de la tablette, et le beau noir du crayon, en rendent l'usage préférable à toute sorte de papier, et surtout à l'ardoise grise, si nuisible par l'âpreté de son crayon, qu'on ne peut tailler. On peut varier tous les exercices du jeune âge par l'écriture, le dessin, la géographie, la musique écrite, l'arithmétique, etc. Les artistes viennent de reconnaître que les aquarelles, les gouaches, conservent leurs couleurs inaltérables, et les portraits à la mine de plomb sont, sur cette tablette, d'un effet merveilleux.

Le célèbre docteur Sichel, oculiste, recommande avec empressement l'usage de la tablette verte à toutes les mères de famille dont les enfants ont la vue faible ou affectée : c'est le trésor de l'enfance. Cette tablette est utile au bureau, au comptoir, aux cours publics, albums, portefeuilles, carnets, etc.

62. — ZAMMARETTI, fabricant breveté de calorifères, à Paris, rue de Bondy, 88, porte Saint-Martin.

Fabrique des appareils économiques de chauffage pouvant se chauffer indifféremment au bois, à la houille ou au coke. Parmi ces appareils on remarque : 1° des *calorifères* d'un grand modèle pour chauffer tout un hôtel, et pouvant se nettoyer aisément avec la plus grande promptitude ; 2° des *petits calorifères* portatifs, montés sur galets, afin de permettre de les transporter d'une pièce dans une autre, et dont le prix varie de 25 à 300 francs; 3° des *calorifères-grilles* pouvant s'adapter dans toutes les cheminées, et offrant l'avantage économique de pouvoir répandre dans les appartements une grande quantité de chaleur.

63. — FICHET (Alexandre), serrurier-mécanicien, breveté d'invention et de *LL. AA. RR. le duc et la duchesse d'Orléans*, à Paris, rue Richelieu, 77, et à Lyon, rue du Concert, en face le pont Lafayette.

Il est infatigable pour opposer chaque jour aux malfaiteurs de nouveaux moyens propres à dérouter leur trop malheureuse habileté; chaque jour aussi ses travaux, tous dirigés dans un but d'être utile à la société, obtiennent de véritables succès; et, pour mettre en garde contre les vols ou les infidélités, il offre de signaler les moyens vicieux que les fermetures peuvent avoir, ainsi que toutes les issues par où les malfaiteurs peuvent pénétrer de l'extérieur à l'intérieur. Il entreprend aussi la solution de tout problème relatif à son état; il fabrique des caisses et coffres-forts fermés avec des serrures et combinaisons de son invention. Il reste responsable de la marche de ses ouvrages pendant dix ans, et en prend l'engagement par sa facture.

64. — JOURDAIN, marchand de comestibles, à Paris, rue Neuve-des-Petits-Champs, n. 52.

Fabrique tout spécialement les fruits confits ou glacés, les confitures et les conserves de fruits, ficelés et bouchés à la mécanique par un nouveau système, qui prive complétement les fruits conservés du moindre contact de l'air. Cette privation d'air étant le principe conservateur de tous les fruits pour compotes, M. Jourdain a cru devoir mettre tous ses soins pour obtenir dans toute sa rigueur cette condition importante, sans laquelle il n'est pas de conservation possible, et il est heureux de pouvoir se flatter d'être arrivé à cet excellent résultat.

Cette maison se charge de la fabrication de toute espèce de confitures et conserves de fruits pendant la saison.

65. — VILLARD (Claude), plombier, ornemaniste, dépositaire des fontes de la Haute-Marne et de la Meuse, breveté, membre de l'Académie de l'industrie, de plusieurs Sociétés industrielles

et commerciales, etc., quai Saint-Antoine, 34, à Lyon (Rhône).

Ayant obtenu en 1838 une médaille en argent et en 1840 une médaille en or, prix unique consacré aux objets d'arts par la Société d'agriculture, histoire naturelle et arts utiles, de Lyon, comme le constate la lettre qui se trouve à la fin de cette notice, et ayant été admis à l'exposition nationale, où il a obtenu une mention honorable pour ses imitations de plantes et fleurs en métal, M. Villard expose :

Quatre modèles de FOURNEAUX ÉCONOMIQUES *en fonte de fer*, lesquels, après de nombreux essais, sont reconnus satisfaire complétement à toutes les exigences d'économie et d'utilité.

Comme notable amélioration apportée dans leur construction, et contrairement à ce qui a été fait jusqu'à ce jour, il est à remarquer que, la plaque formant le dessus du fourneau étant fondue séparément, les cas de rupture deviennent alors impossibles.

Ce fourneau est ainsi combiné, qu'il peut être placé dans un mur ou cloison séparant la cuisine de la salle à manger, et que, sans augmentation de combustible, il peut chauffer cette pièce et donner assez de chaleur pour opérer simultanément la cuisson du pot au feu, du rôti et de trois autres plats, et en outre chauffer un bain-marie. Sur les côtés on place une bouilloire qui peut donner constamment de l'eau bouillante.

Un petit régulateur à mouvement libre laisse la faculté de diriger à volonté la chaleur sous telle marmite ou casserole. Le four est chauffé devant, dessus et dessous; le four, ainsi que le réservoir d'eau bouillante, peuvent, à volonté ou simultanément, faire leur service, soit à droite, soit à gauche, le fourneau ayant deux portes pour le four et deux portes pour la bouillotte. Une petite plaque mobile en fonte ornée s'adapte sur le devant de la grille, et laisse la faculté d'y placer un pot ou une marmite. Au moyen de deux pièces à coulisse fixées sur les côtés, on peut parfaitement faire rôtir à feu ouvert.

Le fourneau peut également faire son service l'été sans donner la chaleur qui est désirable pour la saison d'hiver, et, quoiqu'il soit spécialement construit pour être chauffé au charbon de terre, on peut également s'en servir en y brûlant du bois ou du charbon de bois.

Ce fourneau étant indispensable comme objet d'une économie bien entendue, à Paris surtout, où les combustibles sont fort chers, l'exposant en a fixé le prix à la portée de tout le monde. Ils varient de 50 francs à 125 francs, suivant la dimension et le nombre de pièces y attachées.

Le 4 juin 1840 le sieur Villard recevait du président de la Société royale d'agriculture, sciences et arts utiles, de Lyon, la lettre suivante :

« MONSIEUR,

» J'ai l'honneur de vous annoncer que la Société royale d'agri-
» culture, sciences et arts utiles, de Lyon, vous a décerné *le prix*
» *unique* qu'elle a consacré aux objets d'arts, et qu'il vous est per-
» mis de vous présenter pour une médaille d'or.

» Je vous témoigne, en son nom, la satisfaction que lui a fait
» éprouver votre brillante exposition. Elle a surtout remarqué vos
» artifices hydrauliques si variés, et le parti avantageux que vous
» avez su tirer de la pression bien dirigée d'une faible chute et
» d'un petit volume d'eau, vos fourneaux économiques et vos
» nouvelles et gracieuses pièces en fonte pour ornements de jar-
» dins.

» Enfin la Société a, comme le public, admiré et rendu justice
» à vos fleurs métalliques, qui semblaient, par leurs formes et leurs
» brillantes couleurs, rivaliser avec les fleurs naturelles.

» Agréez, monsieur, les sincères remercîments et les encou-
» ragements de la Société royale d'agriculture, et ceux de votre
» très dévoué serviteur

» MONTANI,

Président de la Soc. roy. d'ag., etc., etc.

66. — SINÇAY (Saint-Paul de), fabricant de *fonte de fer malléable*, à Paris, rue Fontaine-au-Roi, 39.

Cette fonte, par sa malléabilité, est propre aux mêmes usages que le fer et le cuivre: elle se lime facilement, se ploie sous le marteau à froid et à chaud, peut être brazée, aciérée et trempée, reçoit un très beau poli et se ciselle sans difficulté. Elle s'applique avec succès à tous les objets de *serrurerie*, *quincaillerie*, *mécanique*, *armurerie*, *horlogerie*, *objets d'art*, etc., tels que clefs, pênes, cages de serrures, anses de cadenas, fléaux de balances, garnitures de fusils, gardes d'épées, pommes de cannes et de forets, arbres de tours, matrices d'estampes, cuillères, fourchettes, poinçons d'horlogerie, outils divers, statuettes, etc.

67. — CORDERANT, fabricant de *cristaux garnis*, à Paris, rue Sainte-Avoye, 12.

Expose des cristaux garnis pour remplacer le cuivre dans les porte-mains, boutons de portes, et autres articles de quincaillerie, afin de ne plus laisser aux mains une odeur désagréable.

68. — MARTIN, fabricant du fusil *Bessières* ainsi que d'autres armes blanches et à feu en tous genres, à Paris, rue Phelippeaux, 36.

Expose des fusils de chasse et de guerre de son nouveau système, fusils ayant la facilité de s'amorcer seuls, de pouvoir tirer de 80 à 100 coups sans toucher aux capsules, puisqu'en armant le fusil au deuxième cran, chaque capsule vient se placer d'elle-même sur la cheminée. Le mécanisme aussi simple qu'ingénieux de ce nouveau fusil peut s'adapter à tout ancien fusil, soit de chasse, soit de guerre, qui serait à pierre ou à piston. Avec les fusils de ce nouveau système, les chasseurs n'éprouveront plus à l'avenir, et principalement dans les grands froids, le désagrément d'amorcer avec leurs doigts, et pourront, s'ils le désirent, chasser avec leurs gants.

Les militaires qui seront armés de fusils montés dans ce nouveau système pourront facilement tirer un tiers de coups de plus qu'avec les fusils ordinaires, et même avec moins de précipitation, vu la suppression des temps pour passer l'arme à droite afin de l'amorcer; et par suite des perfectionnements également brevetés et dernièrement apportés à ce fusil, le fantassin ou le cavalier pourra facilement le regarnir d'amorces ou retirer celles qui n'auraient pas pris feu.

Les commandes que reçoit chaque jour M. Martin lui sont un sûr garant de l'appréciation du mérite de son nouveau système.

69. — COLAS, coutelier breveté, successeur de Dupuy, rue Saint-Honoré, 162.

Fabrique et expose un sécateur breveté de son invention, à engrenage et à lame mobile triplant la force et ne laissant pas de pression sur le bois, avantage qu'il possède sur tous les sécateurs parus jusqu'à ce jour. Il est en outre breveté pour les cuirs elliptiques, ou à concavité fixe, qui remplacent avec une supériorité incontestée tous les cuirs élastiques dont la courbure, variant continuellement, est rarement convenable.

70. — D'OCAGNE, fabricant de dentelles à Alençon, et au dépôt du Point d'Alençon, à Paris, rue Neuve-des-Petits-Champs, 35.

Expose divers échantillons des dentelles les plus à la mode aujourd'hui, et connues sous le nom de Point d'Alençon toutes confectionnées *à la main*, sans la moindre trace de coton, et *entièrement en fil de lin*, sur ses dessins et par ses soins, à Alençon.

71. — BOURG, fabricant breveté de *garde-robes*, à Paris, boulevart Beaumarchais, 19.

Fabrique de garde-robes pouvant presque toujours être rendues invisibles, ne laissant passer aucune odeur, et pouvant facilement être maintenues dans un état constant de propreté.

Ses siéges, tels qu'ils sont perfectionnés, lui ont mérité plusieurs médailles. Il fabrique aussi un siége d'un système nouveau, qui offre à MM. les propriétaires un avantage considérable, dans ce sens qu'il sépare les matières liquides de celles solides. D'après un compte-rendu, il en résulte que les fosses, qui sont habituellement vidées tous les deux ans, ne le seront que tous les six.

72. — TRONCHON, fabricant breveté de *grillages mécaniques*, avenue de Saint-Cloud, 11, au rond point de l'Arc de triomphe de l'Etoile, et dépôt dans Paris, rue Montmartre, 142.

Ce genre de grillage joint à un aspect de gracieuse et élégante légèreté une solidité réelle, une économie d'usage incontestable, une grande variété de formes. Tel est l'important problème qu'a résolu M. *Tronchon* par la découverte d'un procédé mécanique pour la confection des grillages en fil de fer inoxydable dont il a enrichi l'industrie, et qui servent actuellement à enclore et embellir nos parcs et nos jardins en se substituant, même à moins de frais, à ces lourds treillis en bois qui ne tardaient pas à offenser le regard par de nombreuses traces d'une vétusté précoce.

L'on peut appliquer ce genre de grillage aux grilles de parcs, aux berceaux, châssis, siéges et clôtures de jardin, aux espaliers, faisanderies, poulaillers et volières, aux gardes-feu et à tous les entourages de cours ou de jardins.

73. — ROLLAND, *coiffeur* breveté, à Paris, rue Caumartin, 34.

Ce coiffeur a été breveté d'invention et a reçu une médaille d'honneur pour l'introduction du caoutchouc dans le travail des cheveux. Il fabrique des perruques et toupets de toutes façons à des prix fixes et modérés; et il est le seul fabricant des perruques qui ne se défrisent pas, à l'usage des cochers (genre anglais), et des toupets sans tresses, très légers, pour les personnes sensibles de la tête.

Nota. — Ne pas confondre avec la boutique à côté.

74. GODILLOT père et fils, brevetés, malletiers du roi, à Paris, rue Saint-Denis, 278.

Chaque exposition voit de nouveaux produits de ces industriels. Ils exposent cette année des malles très commodes et portatives, avec compartiments, tiroirs, secret, etc., pesant un tiers de moins que celles faites jusqu'à ce jour;

Des petites malles pour chemins de fer et petits voyages, pouvant aisément être portées par le voyageur au besoin;

Des étuis à chapeaux de toutes formes dans lesquels on met

avec le chapeau les objets de toilette et même quelques effets pour un voyage de peu de durée;

Des boîtes à robes et chapeaux avec tiroirs-caves, etc., d'une nouvelle invention, dans lesquelles les dames peuvent elles-mêmes emballer leurs chapeaux, y varier la position qu'elles veulent leur donner, et changer les compartiments, suivant le besoin. Ces boîtes très simples, et d'un prix très modéré, peuvent supporter de très longs voyages, et transporter leur contenu dans la plus grande fraîcheur.

Ces fabricants ont apporté une grande amélioration dans les tentes et articles de campements; ils exposent un nouveau modèle de tente avec soupape, ventilateur et rabat; ce modèle, quoique d'une grande dimension, forme un très petit volume étant plié, et ne pèse que 20 kilogrammes compris les bâtons, piquets, etc.;

Des cantines très légères formant lit, et contenant tous les objets de campement utiles aux voyageurs et aux officiers d'Afrique;

Des malles portatives pour voyages lointains formant lit, et contenant table, chaises, moustiquaire, casseroles, fourneaux, assiettes, etc., etc.

Ce modèle de malle contient en outre une grande tente qui en se déployant couvre tout ce petit ménage.

On ne peut que recommander aux voyageurs de visiter les vastes magasins et ateliers de MM. Godillot; ils seront surpris de la variété de leurs produits.

75. — Mmes GUESNIER et RIGNOLET (les élèves du pensionnat de), à Paris, rue Charlot, n. 14, au Marais.

Exposent deux tableaux, savoir :

1° Un trompe-l'œil représentant divers ouvrages à l'aiguille, des dessins, des cartes géographiques et des devoirs déposés sur la table des directrices.

2° Un tableau de tenue de livres théorique et pratique. Ce tableau, sous le rapport typographique, est le résultat des leçons de *calligraphie* que donne dans ce pensionnat M. Ch. Emmanuel Binard, l'un des membres de l'Académie. Sous le rapport commercial, il présente le résumé du Cours de tenue des livres d'un trimestre, fait sous la direction de M. Emile Borel, l'un des professeurs de l'établissement, savoir : le mémorial, le journal, le grand-livre, ainsi qu'un spécimen de 5 livres auxiliaires.

Cette exposition prouve suffisamment à quels genres d'exercices sont journellement occupées les élèves de cette maison, qui a obtenu l'an dernier une mention honorable pour l'exécution d'une carte géographique de la France. Toutes les branches de l'instruction, écriture, langues française et étrangères, arithmétique, histoire, géographie, dessin, etc., sont constamment dirigées vers le but des *études commerciales*. A cet égard, les élèves qui achèvent leur éducation dans cette maison, telles sont, entre autres, les trois auteurs de ces tableaux, se font remarquer par des connaissances positives qui les mettent à même de seconder des gérants ou de gérer elles-mêmes des affaires de commerce.

76. — BINARD (Ch.-Emmanuel), professeur de *calligraphie*, à Paris, rue Beautreillis, n. 12, près la rue Saint-Antoine.

Expose un trompe-l'œil qui a pour épigraphe : *Souvent un beau désordre est un effet de l'art.*

Et pour nouveau travail (exposition de 1843), 1° deux petits tableaux représentant, l'un, une feuille du journal le *Siècle*; l'autre, une feuille du *Constitutionnel*; à l'extérieur sont écrits deux extraits de J.-J. Rousseau et de Voltaire;

2° Un grand tableau représentant une couronne.

Le tout est exécuté à la plume par l'exposant, dont les leçons obtiennent le plus grand succès dans un grand nombre de pensions de la capitale. On peut voir au n° 75 les ouvrages exécutés par des élèves dont M. Binard est le professeur de calligraphie.

77. — VERSTAEN aîné, serrurier-mécanicien, et fabricant *de coffres-forts*, à Paris, rue Baujolais, n. 6 et 7, au Marais.

Expose une caisse coffre-fort doublée en fer battu, avec serrure incrochetable, combinaison sans point d'appui, et dont le mot se change à volonté sans démonter la combinaison; mécanisme d'un nouveau modèle. De plus, il y a à l'intérieur de la caisse deux tiroirs en fer dits *serre-papiers*, incombustibles, de son invention, fermant à secret.

Serrure pour appartement, nouveau modèle, 22 à 25 fr.

Serrure incrochetable, 22 à 25 fr.

78. — TIRRART, ornemaniste et fabricant de *carton-pierre*, à Paris, rue Basse-du-Rempart, n. 38, dans l'impasse Sandrié, n. 4 *bis*.

Honoré de médailles aux expositions nationales de 1834 et 1839, il continue à tenir un établissement de sculpture pour le bâtiment, et il expose un bas-relief et plusieurs autres échantillons de ses modèles en carton-pierre pour orner l'intérieur et l'extérieur des habitations.

79. — DELAFORGE, fabricant breveté de

soufflets de forge, à Paris, rue de Pontoise, n. 12 et 14, quartier de la place Maubert.

Fabrique spécialement des soufflets de forge et des forges portatives de diverses espèces et dimensions. Parmi ses produits on remarque :

1° Une forge pliante pouvant être renfermée dans une caisse de 24 centimètres de profondeur. Le soufflet qui est à cette forge permet de chauffer jusqu'au rouge pour souder une barre de 50 centimètres carrés en 10 minutes. Prix : 700 fr.

2° Une autre forge munie de sa cheminée, dont le soufflet est placé derrière le foyer sur un bâtis en fer, dont toutes les parties sont soudées ensemble, pouvant chauffer à souder en 10 minutes une barre de 50 centimètres carrés. Prix : 150 fr.

3° Une forge carrée avec cheminée, dont le soufflet est renfermé sous le foyer dans une boîte en tôle, ce qui donne beaucoup de facilité pour placer cette forge dans un petit emplacement et garantit le soufflet de tout accident sans en diminuer la force. Pour le préserver de la chaleur, le foyer est isolé de la boîte. Quand elle est de la même dimension que la précédente, elle produit le même effet et est du même prix.

80. — DORÉ, *serrurier-mécanicien*, à Paris, rue Saint-Honoré, n. 144, en face l'Oratoire.

Ce serrurier, mentionné honorablement à l'exposition de 1839, a imaginé un genre de fabrication qui met ses *coffres-forts* à l'abri de tel taillant ou foret que ce soit. Ces coffres offrent l'avantage, pour s'en servir, d'avoir une serrure indépendante à volonté, qui peut se fermer avec ou sans la combinaison, quand on veut quitter momentanément sa caisse. En outre, ses serrures sont fermées par des cache-entrées qui ne cèdent que lorsque la combinaison est soumise; mais, lors même que par la violence l'ornement qui sert de cache-entrée serait détruit, le malfaiteur rencontrerait une plaque d'acier trempé qui viendrait encore barrer l'entrée de la serrure.

Il fabrique généralement tout ce qui concerne la haute serrurerie.

81. — LABORDE, inventeur breveté d'une *Balance de ménage*, à Paris, rue du Faubourg-du-Temple, 50.

Cette balance, aussi utile qu'agréable, peut se poser partout et ne s'attache nulle part; placée sur un buffet de salle à manger, elle est un objet d'ornement qui reste sous les yeux comme pour rappeler à la maîtresse de la maison que le bon ordre veut qu'elle vérifie le poids des provisions qu'on lui apporte. L'effet moral que cet objet de ménage produit est déjà apprécié : car, tel qui avait contracté la coupable habitude de tromper, ne l'ose plus quand il voit l'instrument vérificateur toujours en permanence prêt à le confondre. Cette balance est d'autant plus utile que, ne formant qu'un seul ensemble, on ne peut en égarer aucune pièce ni perdre les poids, puisqu'il n'en faut pas ; de plus, elle n'est jamais sujette à aucun dérangement.

82. — SAURAUX, fabricant de billards et breveté pour de nouvelles tables, à Paris, rue du Faubourg-du-Temple, n. 21.

Depuis long-temps les amateurs réclamaient de grandes améliorations dans la fabrication des billards, et ces réclamations n'étaient pas sans fondement : tantôt c'étaient les billes qui ne *roulaient* pas d'une manière désirable ; tantôt c'étaient les bandes qui *rendaient* avec une inégalité vraiment désespérante pour l'amateur. Beaucoup d'essais avaient été tentés pour apporter un remède à ces graves inconvénients ; mais tous étaient demeurés sans succès, ou, du moins, ce succès n'était que de peu de durée : il fallait constamment réparer.

Quelques fabricants ont fait des bandes en caoutchouc ; mais ils n'avaient pas prévu que pendant l'été ces bandes, devenant inévitablement trop molles, ne *rendaient* plus d'une manière égale et juste. D'autres fabricants ont voulu perfectionner les tables, mais ils n'ont pas été plus heureux dans leurs tentatives : car, en voulant se servir de matières dures, telles que l'ardoise ou le marbre, ils ont oublié que non seulement ces matières seraient également sujettes aux changements de température, puisqu'elles devaient subir l'influence mobile du châssis (toujours en bois) sur lequel elles reposent, mais que le froid humide qu'elles communiquent empêcherait les billes de rouler et endommagerait le tapis.

M. Sauraux, fabricant de billards, rue du Faubourg-du-Temple, 21, à force d'essais et de patience, a vu ses efforts couronnés d'un plein succès. Il peut offrir au public des billards exempts de ces deux inconvénients graves qui jusqu'à ce jour avaient fait le désespoir des fabricants et des amateurs de billard.

On peut voir dans les ateliers de M. Sauraux des tables de billards établies depuis plusieurs années sans que les changements de température y aient apporté la moindre altération. C'est qu'aussi ces tables diffèrent complétement de toutes celles qui ont été vues jusqu'ici ; elles sont l'objet de l'admiration des connaisseurs, tant par le fini du travail que par le moyen ingénieux employé pour contraindre dans ses justes limites le bois, qui, privé de sa sève, n'a plus à craindre les variations de température.

La difficulté relative aux bandes a aussi été vaincue par M. Sauraux : par un nouveau système et qui lui est propre, les bandes de ses billards *rendent* avec une égalité et une justesse inconnues jusqu'à ce jour.

83. — PAULINE CARREL, *couturière*, à Paris, rue de Rivoli, n. 22 *ter*.

Tient tout spécialement les robes confectionnées, les costumes d'enfants, les tabliers, mantelets, écharpes, robes de chambre, robes du matin, robes de ville, de soirée et de bal, les pelisses et manteaux, les douillettes et jupons ouatés, ainsi que les costumes d'uniforme pour les pensions.

84. — PATUREL, fabricant breveté de *fouets*, à Paris, rue Saint-Martin, n. 98.

La fabrication des fouets et cravaches est devenue une spécialité à laquelle se livre essentiellement M. Paturel, qui tient tout ce qu'il y a de plus perfectionné en fait de CRAVACHES et de FOUETS pour voitures et cabriolets. La manière avec laquelle ils sont tressés et le prix modéré auquel on les vend doivent les faire remarquer.

85. — COSSON, fabricant de *billards* et *fournisseur du roi*, à Paris, rue Grange-aux-Belles, n. 20 *bis*.

Ce fabricant, auquel on a accordé une mention honorable à l'exposition nationale de 1839, et plusieurs médailles d'argent aux expositions annuelles de l'Académie de l'industrie, se livre à la fabrication non seulement des billards ordinaires, mais aussi des billards de luxe.

Il expose un petit BILLARD en ébène de la plus grande beauté et porté par des pieds figurant des amours parfaitement modelés et sculptés.

86. — DOREMUS et ENFER, fabricants brevetés, à Paris, rue de Malte, n. 32.

Exposent des soufflets circulaires de l'invention Enfer. Ces soufflets, adoptés aujourd'hui dans une foule d'ateliers, sont recherchés à cause de leur puissance et du peu de place qu'ils occupent.

87. — ARMAND CLERC, mécanicien, honoré de plusieurs médailles, directeur-fondateur

d'une institution d'enseignement gratuit destinée aux orphelins, pour l'exécution des outils et des machines nécessaires à la fabrication de l'horlogerie, à Paris, rue du Buisson-Saint-Louis, n. 16, faubourg du Temple.

Cette institution gratuite est sous la surveillance d'un conseil d'administration nommé par l'assemblée générale des souscripteurs à cette œuvre de bienfaisance.

88. — HATHUTE, *chirurgien-dentiste* de l'état-major de la 1re division militaire, à Paris, galerie Vivienne, n. 13.

Expose des dents à formes naturelles, pour lesquelles il a obtenu *une mention honorable* à la grande exposition de 1839. Sa montre renferme 1° beaucoup de pièces et râteliers artificiels; 2° des moules de dentitions irrégulières redressées par lui, et des pièces d'anatomie représentant les système vasculaire et nerveux qui se distribuent à la face et aux dents.

89. — ÉTARD, layetier-emballeur, fabricant breveté pour les *boîtes Etard perfectionnées*, à Paris, rue du Petit-Reposoir, n. 6, près la place des Victoires.

Les BOITES ETARD PERFECTIONNÉES qui sont exposées cette année à l'Orangerie, tout en n'étant pas d'un prix plus élevé que celui des anciennes, ont l'avantage de répondre à toutes les exigences d'un bon emballage; elles remplacent, pour les dames qui vont en voyage, l'emballeur, qu'elles ne trouvent pas toujours fort habile en province, et permettent à la main la moins exercée de faire sur-le-champ un emballage parfait. Depuis quelque temps il s'est mis aussi à fabriquer un nouveau genre de souricière dont on est généralement très satisfait.

90. — CH. ARMENGAUD, ingénieur civil, honoré de médailles de bronze et d'argent, à Paris, rue Saint-Louis, n. 34, au Marais.

M. Armengaud jeune, dessinateur de l'Académie de l'industrie, expose un tableau contenant divers dessins de machines, lavis et architecture, spécialité qui lui a valu une médaille à l'exposition nationale de 1839, et dans laquelle M. Armengaud jeune s'est deja fait connaître avantageusement de MM. les inventeurs et constructeurs de machines.

91. — DARCHE (Mme Ve), inventeur brevetée pour un grand nombre d'appareils de chauffage économique, à Paris, rue du Forez, n. 3, pres le marché du Temple, et pour cause d'agrandissement, à la fin de juillet prochain, boulevart du Temple, n. 25, maison du Cadran bleu.

Tient toujours un grand nombre d'appareils prêts à être vendus et livrés à l'usage des ménages, traiteurs, pensions, blanchisseurs, chapeliers, tailleurs, épiciers, limonadiers, teinturiers, friteurs, etc., etc.

Pénétrée du besoin qu'éprouve le public, et surtout les petites fortunes, de trouver dans des combinaisons pures et simples une économie réelle, l'auteur des Pyrotechniens a cherché dans un système de construction simple et solide le moyen de mettre ses appareils à la portée de toutes les fortunes. Ses poêles-fourneaux portatifs, par la facilité de leur transport, leur solidité, et surtout par l'économie qu'ils procurent, coûtent beaucoup moins cher que les autres appareils; ils ne sont pas aussi sujets à des réparations, l'auteur s'étant attaché à mettre, par des procédés à lui, l'intérieur de ses fourneaux à l'abri de l'action du feu.

Mme veuve Darche ne craint pas de les mettre en comparaison avec les meilleurs connus; elle les garantit pour moitié d'économie.

Elle expose : Un poêle pour traiteur garni de ses accessoires, et composé d'un four à rôtir, une cheminée à griller, un réservoir à eau chaude contenant quatre seaux d'eau, une poissonnière, six casseroles ou bassines, et une marmite de la plus grande dimension; le tout fonctionnant par un seul feu. Ce poêle est garanti ne brûler que pour 1 fr. 50 c. de bois pendant quinze heures de travail. — Elle fabrique en outre :

Un autre poêle-fourneau pour limonadier, contenant un bain-marie de trois copettes, deux trous pour marmite, un four à rôtir et une cheminée à griller.

Un autre IDEM à trois trous, à circulateur supérieur, régulateur et soupape, et deux fours.

Un autre à foyer mobile, circulateur, régulateur et soupape, deux trous à marmite et un four; on peut mettre à la place d'une marmite six fers à repasser. Le couvercle de fer, faisant tablette, donne à ce fourneau la forme d'un poêle.

Un autre poêle à tablette de fonte incrustée de faïence, contenant, comme celui ci-dessus, une marmite, une casserole et un four, et, si l'on veut se servir de la vapeur en ajoutant deux autres vases au dessus de la marmite et de la casserole, on obtient cinq mets au lieu de trois.

Un four à pâtisserie dans lequel on cuit depuis un biscuit à la cuillère jusqu'à un pâté. On s'en sert pour divers corps d'état; par exemple, on en ferait un excellent séchoir.

Un brûloir à café. Ce brûloir peut être conduit par un enfant, puisqu'il n'y a pas besoin d'enlever la broche de dessus son fourneau (forme cône) pour la secouer à force de bras afin de retourner les grains, ce qui fatigue horriblement. Dans celui-ci, les grains se retournent d'eux-mêmes et cuisent également. Ce brûloir est donc économique de combustible, de temps et même de forces.

Trois poêles de différentes grandeurs à l'usage des blanchisseurs, avec trous à marmite et four. Le plus grand est garanti ne brûler que pour 90 centimes de bois.

Mme veuve Darche construit enfin des fourneaux à chaudière portatifs pour blanchisseurs, teinturiers, etc. Elle construit également de ses appareils pour brûler de la houille, de la tourbe ou du coke, et toute espèce de combustible.

92. — BLONDEL, fabricant breveté de pianos, à Paris, rue de l'Echiquier, n. 41, faubourg Poissonnière.

Il fabrique des pianos avec échappement d'un nouveau mécanisme qui offrent l'avantage important, surtout pour la province, où l'on trouve rarement des facteurs, de pouvoir permettre, lorsqu'il n'y a qu'un léger dérangement à l'instrument, de retirer une seule touche sans être obligé de retirer tout le clavier, ce qui évite de risquer à briser les marteaux. Leur bonne qualité, a dit M. Lahausse dans un rapport très bien fait, est fort remarquable.

93. — BROWN, fabricant breveté de MÉLOPHONES, à Paris, rue des Fossés-du-Temple, 20, près le boulevart.

Ce nouvel instrument, dont l'Académie de l'industrie a été la première société à ne pas craindre de reconnaître le mérite et les avantages dans un rapport que M. Lahausse n'a rédigé qu'après être arrivé lui-même à pouvoir pratiquement en apprécier toutes les ressources, a été ensuite approuvé par les membres de l'Institut.

Cet instrument, dont le doigté ressemble beaucoup à celui du violon, sauf que les doigts frappent sur des espèces de petites touches ou clavettes, est de la forme d'une guitare, et, comme elle, se tient sur les genoux. Tandis que la main gauche exécute sur le manche de cet instrument le doigté voulu par les notes, la main droite met en mouvement une espèce d'archet qui fait sortir à volonté des sons doux ou vigoureux, coulés ou détachés, pareils à ceux que produiraient soit un seul instrument, soit deux instruments comme bassons, clarinettes ou flûtes, jouant à l'unisson ou à l'octave. Les ressources de ce petit instrument, dont l'étendue est celle d'un buffet d'orgue, sont immenses, et offrent celles de tout un orchestre ; aussi les artistes l'ont-ils promptement apprécié, et déjà plusieurs professeurs se sont mis à en donner des leçons. Les mélophones ont subi cette année de notables et nombreux perfectionnements, et leur prix, qui d'abord était fort élevés, est devenu très modéré. Ils ne se vendent plus aujourd'hui chez M. Brown que 300, 250, 200, 150 et même 100 fr., en raison de leur grandeur et de leur luxe.

94. — LARMOYER, fabricant de couleurs et de *cirage*, à Paris, rue des Vieux-Augustins, 57.

Fabrique toutes espèces de couleurs, ainsi qu'un cirage à la brosse sans acide sulfurique, et par conséquent ne pouvant pas brûler les chaussures ; il tient aussi un très beau vernis applicable au pinceau, également pour chaussures.

95. — JAUME SAINT-HILAIRE, botaniste, à Paris, rue Furstemberg, 3.

Expose des urnes contenant des boules de bleu céleste extrait de l'indigo indigène ;

Des vases contenant de l'eau bleue pour blanchir le linge, obtenue d'une boule de bleu céleste dont le prix est de 15 cent.

96. — L. GRAUX, successeur de JACQUINET, fabricant d'appareils de chauffage et de bronzes (en chenets anciens), à Paris, rue Grange-Batelière, 18 et 20, près l'Opéra.

Cette maison, donnant sans cesse de l'extension à sa fabrication, nous apporte a toutes les expositions de nouveaux produits ; déjà ses cheminées à foyer mobiles, celles à foyer tournant, ses châssis, ses calorifères et ses chauffe-assiettes, ont été exposés successivement et lui ont valu une grande médaille d'or. Cette année, elle nous apporte une nouvelle cheminée à bouches de chaleur, et une pour charbon de terre, ainsi que des bronzes en chenets style Louis XIV et Louis XV. Toutes ses créations de modèles et inventions la tiennent en première ligne pour ses appareils de chauffage et garnitures de feux.

97. — ALAIS, *sculpteur*, **fabricant de** *plâtres métalloïdes*, **à Paris, boulevart Poissonnière, 14.**

Expose des statuettes, des armures et autres objets auxquels *l'aspect métallique* est donné par un procédé dont il est l'inventeur; il se charge par le même procédé de donner cet aspect du fer, de la fonte, du cuivre ou du bronze de Florence, au plâtre, au carton, au biscuit, à l'albâtre, à la terre cuite, à la pierre et au bois.

98. — MULLER fils, fabricant breveté de vernis, couleurs et panneaux pour les peintres, à Paris, rue du Faubourg Montmartre, 115.

Fabrique des vernis incolores pour tableaux, aquarelles, papiers peints et peintures intérieures des habitations.

Il fabrique aussi de nouveaux panneaux pour les peintures et miniatures à l'huile, à l'aquarelle et au pastel; il a imaginé également des couleurs nouvelles pour la peinture à l'huile, un nouveau vernis blanc au tampon pour gravures noires et coloriées, cartes de géographie, bois, marbres, etc. Il tient en outre les vernis de toute espèce : vernis gras, vernis colorés transparents, florentins, rouges, bleus, jaune, etc., etc., pour métaux, huiles nouvelles siccatives décolorées. C'est la seule maison chargée de l'exploitation de l'encre française.

99. — TROUILLET, fabricant de pâte végétale savonneuse, à Montreuil-sous-Bois (Seine); et dépôt à Paris, chez M. Delnef, rue de la Poterie-des-Arcis, 22.

M. Trouillet, qui s'occupe depuis dix années des applications industrielles de la botanique, vient d'arriver à pouvoir composer une pâte purement végétale, propre à remplacer avec succès tous les savons, tant pour la barbe que pour la toilette. Elle est exempte de traces alcalines de soude ou de potasse, elle ne laisse rien à désirer, et se vend en pots pour la barbe au prix de 1 fr. 50 c., et en pain pour la toilette au prix de 1 fr., chez M. Delnef, à Paris, rue de la Poterie-des-Arcis, 22, et à la fabrique, à Montreuil-sous-Bois. On trouve aussi aux mêmes adresses la composition chimique exempte d'éméri, aussi extraite des végétaux, qui adoucit tous les cuirs en général, au lieu de les durcir, comme font toutes les pâtes minérales; elle donne aux taillants fins toute la douceur désirable, et, malgré ses qualités, elle ne se vend que 60 centimes la boîte.

100. — DELNEF, fabricant de *pâte de réglisse* et de *pâte pectorale*, à Paris, rue de la Poterie-des-Arcis, 22, près la rue de la Verrerie.

M. Delnef fabrique chaque année une immense quantité de pâte de réglisse, qu'il met sous toutes les formes et enjolive de toutes sortes d'empreintes. Il expose un assortiment de ses divers produits, que plusieurs médecins ont recommandés avec succès dans quelques affections légères de poitrine et des bronches. M. Delnef prie le public de ne pas confondre ses produits avec ceux de quelques fabricants qui cherchent à les imiter.

101. — DECHANY, fabricant breveté de crémones, à Paris, rue Pierre-Levée, 15.

Fabrique des *crémones à poignée* et *à levier*, pour la fermeture des portes et croisées. Ces crémones fonctionnent par une poignée à galet qui est fixée dans l'intérieur de la boîte, et qui est traversée au milieu par un arbre, au moyen d'une boutonnière. Ce galet fait mouvoir une bascule à fourchette en forme d'équerre, avec le secours d'une goupille qui se trouve fixée au bout de la fourchette et traverse la boutonnière du galet; de sorte que, lorsqu'on fait mouvoir la poignée, la goupille qui se trouve fixée au bout de la fourchette de la bascule glisse dans la boutonnière du galet, et fait monter ou descendre les verrous d'un seul coup, le tout sans engrenage.

102. — VIDRON, fabricant de *brosses*, à Paris, rue Rambuteau, 43.

Fabrique particulièrement des brosses en ivoire unies ou sculptées de la plus grande beauté.

Il est arrivé à les confectionner avec la plus grande perfection au moyen de machines de son invention, qui lui facilitent la rapidité et la précision dont il a besoin pour les façonner. Ses brosses à tête, à habit, unies ou sculptées, sont fort appréciées dans la fabrique de Paris.

103. — KLEINJASPER, facteur de *pianos*, à Paris, rue Saint-Honoré, 250, entrée rue des Frondeurs, 1.

Les pianos de M. Kleinjasper se recommandent par leur bonne confection et leur fini.

Il expose un piano droit d'un nouveau modèle, remarquable par la force, la qualité des sons, et l'élégance de son extérieur.

104. — ZEGELAAR, fabricant de cire à cacheter, à Paris, rue de la Corderie, 1, au Marais.

Admis aux expositions nationales de 1834 et 1839, et ayant obtenu une mention honorable à l'exposition de 1839, une médaille d'argent en 1835, et une autre en platine en 1841 de l'Académie de l'industrie; fournisseur breveté de S. M. la reine des Français, du prince royal M. le comte de Paris et de S. A. R. Mme la duchesse d'Orléans, ainsi que du cabinet du roi et de plusieurs cours étrangères.

Cette fabrique soutient toujours la réputation qu'elle possède depuis deux cents ans pour la fabrication des cires rouges, noires, et de toutes les couleurs; elle est arrivée à les porter au plus haut degré de perfection, et à leur donner un poli ayant l'éclat du vernis le plus brillant.

Pour exemple de la beauté de ses produits, M. Zegelaar expose une montre remplie de cires de luxe et de fantaisie pour les dames, moulées sous toutes les formes les plus nouvelles et les plus recherchées.

105. — DURAND, fabricant breveté du *chocolat au baume du Pérou*, à Paris, aux Péruviens, rue Mauconseil, 12; et succursale, rue Geoffroy-Marie, 10 *bis*.

Ce chocolat, pour lequel M. Durand a été breveté d'invention, est fabriqué avec les premières qualités du cacao; il joint au plus doux parfum, au goût le plus agréable, des propriétés hygiéniques, nutritives et réparatrices, qui le rendent infiniment précieux pour les personnes âgées, pour les convalescents, et généralement pour les estomacs débiles et les organes affaiblis.

Prix : 3 et 4 francs le demi-kilogramme; pastilles, 1 franc la boîte.

On trouve à la même fabrique des chocolats aux prix de 1 fr. 50 c., 2 fr., 2 fr. 50, 3 fr. et 4 fr. le demi-kilogramme.

106. — VINKEN neveu, successeur du sieur Bolders, fabricant de *fontaines à thé*, honoré d'une médaille d'honneur en 1841, à Paris, rue Saint-Honoré, 315, presque vis-à-vis l'église Saint-Roch.

Ce fabricant auquel on a accordé des mentions honorables

aux expositions de 1834 et 1839, se livre particulièrement à la fabrication de fontaines à thé ayant l'avantage de faire bouillir de l'eau en dix minutes, et en même temps l'on peut y faire bouillir du lait, cuire des œufs, chauffer un plat et tout ce qu'on désire. Vinken est l'inventeur d'une cafetière à la vapeur, établie par un nouveau procédé, et permettant de faire avec une demi-once de café moulu deux tasses de café; opération qui se fait par la vapeur dans un globe en cristal, une bouillotte à bascule, avec lampe à esprit-de-vin.

On trouve également dans ses magasins des réchauds de table à bougie et à braise, des flambeaux, bougeoirs, cafetières et théières de toutes sortes, des cafetières du Levant, des plateaux en tôle vernie, des corbeilles et pyramides pour fleurs, des corbeilles à pain et à couteaux, et tout ce qui concerne les ménages.

107. — CLACHET, *lampiste*, breveté, fournisseur de l'administration générale des postes, à Paris, rue Dauphine, 7.

Ce fabricant est l'inventeur d'un nouveau système de becs ayant le grand avantage d'éclairer comme les lampes Carcel, en laissant 6 lignes de mèche blanche, ne charbonnant jamais, et lui permettant de fabriquer des lampes de travail et d'escalier d'un très bas prix, donnant la lumière de quatre chandelles, et brûlant à blanc, tout en ne consommant que trois gros d'huile par heure.

M. Clachet fabrique aussi des lampes façon Carcel ou mécaniques. Son nouveau mouvement, qui a une fermeture métallique et facile, évite les fuites qu'on apercevait souvent dans les anciennes lampes fermées avec de la cire, surtout quand elles étaient exposées à la chaleur; de plus, les poches ou soufflets de la pompe s'adaptent à volonté au moyen d'un petit anneau de cuivre. Il est également l'inventeur de réflecteurs pouvant éclairer le cadran des horloges des villes. Tous les soirs, on peut voir fonctionner ses lampes au Palais-Royal, café de la Rotonde, et ses réflecteurs éclairent les cadrans de l'Hôtel des postes et du Palais de la chambre des pairs. On trouve enfin chez lui tout ce qui tient à l'éclairage des lampes, ainsi que plusieurs genres d'appareils économiques à l'esprit-de-vin.

108. — LAUDE *frères*, fabricants de *sommiers élastiques*, brevetés du roi, fournisseur des hôpitaux, rue de Vendôme, 12, près celle du Temple, au rez-de-chaussée.

Ces sommiers dits *Sommiers parisiens*, nouvellement brevetés, ont, entre autres avantages remarquables, celui que tout le travail intérieur, qui constitue la qualité du coucher, est entièrement visible à l'œil de l'acheteur, et que l'on peut s'assurer par soi-même des soins qui ont été apportés à leur confection. Les nombreuses commandes que cette maison reçoit chaque jour de MM. les tapissiers viennent suffisamment attester la supériorité des produits de cette fabrique.

Inventeurs aussi d'un lit dit *Lit de magasin*, qui a pour avantage de se plier sans aucun mécanisme, et de pouvoir être placé, le jour, dans une armoire sans y être fixé, ou dans un emplacement de 80 centimètres sur 35. Ce lit offre aux personnes qui ont besoin de déployer le soir une grande quantité de lits, l'avantage de pouvoir, durant le jour, en ranger 12 dans un emplacement de 2 mètres carrés.

109.—SCHIERTZ, fabricant *fourreur*, à Paris, rue Coquillère, 27.

Tient un magasin et un grand assortiment de pelleteries, telles que manchons, boas, palatines, pèlerines, camails, bordures de pelisses et de châles, collets de manteaux, colliers, chancelières, tabourets, tapis en tous genres, et toutes les peaux étrangères ou indigènes et naturalisées; il garde les fourrures pendant l'été, fait des envois en province, et a obtenu une citation favorable à l'exposition nationale de 1839.

110. —COULON, serrurier, fabricant de *grils de cuisine*, à Paris, rue de l'Arcade, 19.

Fabrique et expose un *nouveau gril* qui préserve de la mauvaise odeur et de la fumée dans les cuisines ou les appartements qui les avoisinent; il offre encore l'avantage de conserver le jus et la graisse des viandes qu'on y fait griller. Cet ustensile de ménage est peu dispendieux, et son utilité sera facilement reconnue par tous ceux qui en feront usage.

111. —CHAUMÉ (Ch.), ingénieur civil, *auteur d'un traité important sur la fabrication et le raffinage du sucre, avec 14 planches.* (Sous presse.)

Paris, petite rue Saint-Pierre, 28, boulevart Beaumarchais. (*Affranchir les lettres.*)

Expose deux cadres de dessins.

Le premier est une fabrique de sucre extrait par l'eau, soit de la canne, soit de la betterave. Les évaporations sont exécutées à l'abri de l'air et à basse température au moyen de chaudières closes, quoiqu'à feu nu.

A est sa *Noria calori-hydraulique*, laquelle est un genre de moteur sur lequel le poids de l'eau est bien mieux utilisé que sur tout autre. Celui-ci est destiné aux usines qui n'en possèdent pas de courante; et comme il donne une force de cheval avec une dépense de deux kil. de houille à l'heure, il est bien plus avantageux que les meilleures machines à vapeur.

B est le générateur d'où vient la vapeur destinée à pousser l'air brûlé du fourneau dans des vases *élévateurs* de l'eau; car celle-ci est continuellement relevée pour servir de nouveau.

C est une scie-râpe propre à réduire rapidement les cannes en pulpe, ainsi qu'on le fait pour les betteraves.

D est un coffre dans lequel passent les cannes pour arriver contre la scie-râpe.

E est son exhaurisuc, instrument d'une grande importance dans la fabrication, puisqu'au moyen d'une très petite quantité d'eau il enlève, soit à la betterave, soit à la canne, tout le sucre qu'elles contiennent, et il dispense de l'emploi des presses.

F est une petite chaudière longue qui reçoit la *râpure* dont la vitalité peut être anéantie au moyen d'un feu léger.

La pulpe est poussée ensuite entre deux cylindres *a a* et une plaque élastique; elle y est froissée, et elle cède une partie de son jus, qui tombe dans la recette *c*, pour être élevé au fur et à mesure à la défécation G par la petite pompe *d*.

La pulpe se porte ensuite dans la case la plus basse de la NORIA *e e e*; elle monte lentement et est retournée par des agitateurs dans un liquide déjà sucré qui coule en filet en tombant du petit vase *f*, celui qui en résulte, se rend dans la recette *g*, pour de suite être élevé dans la petite chaudière E par la pompe *h*.

Arrivée au sommet de l'appareil, la pulpe est amenée par la gouttière *i* à un autre cylindre froisseur, et elle y reçoit environ 10 p. 100 d'eau, soit pure, soit contenant des matières chimiques, et comme alors elle est à peu près entièrement privée de sucre, cette quantité suffit, et c'est par cette raison surtout que ce procédé l'emporte sur la macération, tant recommandée, mais qui demande des masses d'eau considérables, qui exigent ensuite de grandes dépenses de combustible pour être évaporées.

Le travail d'extraction par l'exhaurisuc s'opère en trois minutes.

H est un puits ou bien une citerne où l'on conserve l'eau provenant de la condensation des vapeurs émanant des jus.

I I I sont trois petites chaudières à déféquer; elles sont montées sur des fourneaux, et elles fonctionnent alternativement.

K est un petit appareil pour obtenir des gaz acide carbonique ou sulfureux, dont l'utilité est grande pour neutraliser la chaux qui a été employée à la défécation.

L est une recette pour le vesou déféqué.

M M. Filtres à noir fin qui sont bien préférables à tous autres, en ce qu'ils décolorent et dégraissent parfaitement avec une quantité moitié moindre de charbon d'os.

La vapeur qui émane d'une chaudière supérieure, est introduite dans un système de tuyaux au moyen desquels elle cède son calorique latent au liquide dans lequel ils sont plongés, après quoi devenant eau elle est recueillie en *l*, de sorte que, quand besoin est, elle offre une grande ressource, puisque chaque millier de kilogr. de cannes ou de betteraves peut en fournir au moins 500 litres, que l'on purifie par le charbon de bois, afin de pouvoir s'en servir pour les besoins de l'usine et ceux du ménage.

De cet ensemble résulte donc un mode de travail excellent et bien moins dispendieux à établir que celui qui est exécuté par la vapeur, et comme il donne à bien peu de chose près les mêmes résultats en sucre que ce dernier, il peut également convenir aux petites, aux moyennes et aux grandes usines; aux colonies, il supprime les moulins à vent et les *écraseurs*, et en Europe les *presses*.

Le second cadre represente une fabrique et *raffinerie* de sucre montée à la vapeur. Elle réunit les appareils les meilleurs pour opérer d'après ce système.

Dans l'étage souterrain on voit à main gauche un appareil à blanchir les sucres au bac ou dans des formes, et aussi à dessécher les pains; il opère par l'action d'un vide que l'on gradue suivant le besoin;

Trois générateurs de vapeur;

Un système de purgation des sucres bruts, placés sur un plancher percé, au dessous duquel existent des gouttières et des tuyaux chauffants. Le plancher est élevé à 80 centimètres du sol, afin qu'un homme puisse s'y introduire et visiter le travail des formes sans déplacement.

Enfin on observe la machine rotative si simple et si pleine d'avenir de MM. Pelletan et Delabarre; elle fait ici monter l'eau d'un puits et l'introduit dans l'enveloppe des tuyaux condensateurs de leur appareil à concentrer dans le vide.

Rez-de-chaussée. A gauche on voit l'exhaurisuc Chaumé, qui a été exposé l'année dernière. Il a pour objet l'enlèvement par un minimum d'eau froide ou chaude, et en trois minutes, de toute la matière saccarine contenue dans un végétal.

L'appareil du même ingénieur, composé de plusieurs vases clos placés au dessus les uns des autres, et renfermant des plans inclinés sur lesquels les liquides coulent en couches minces, mais à l'abri du contact de l'air; ce procédé donnant d'énormes économies de combustible, des sirops magnifiques et cristallisant presque entièrement, après avoir été cuits également à privation d'air.

Au bas de l'appareil existent deux monte-liquides à vapeur et air, de MM. Pelletan et Delabarre.

Au milieu on voit le moteur Chaumé calori-hydraulique, dont le dessin plus détaillé existe dans le 1er cadre.

A droite sont les filtres à colonnes dans lesquels on économise au moins un tiers de noir en grains.

Puis vient l'appareil si peu coûteux, si simple et si bon, de MM. Pelletan et Delabarre pour concentrer les sirops. Le vide y est fait à l'aide d'un jet de vapeur, et il y est entretenu par la condensation opérée par une petite quantité d'eau qui peut être refroidie au besoin, et dont l'action est aidée au moyen d'une chute artificielle.

A l'étage au dessus on voit à gauche une étuve chauffée et purgée des gaz qu'elle contient par l'action d'un courant de vapeur combiné de façon à ce qu'il ne soit jamais nécessaire d'ouvrir d'éventaux; procédé qui a plusieurs avantages importants, et qui est applicable à toute espèce de ventilation.

A côté sont deux chaudières à déféquer, dont l'une est à serpentin seulement, et l'autre à serpentin et à double fond.

Au milieu existe une grande chambre chauffée par le passage d'une cheminée; des filtres à noir fin y sont en grand nombre, ce système étant ce qu'il y a de mieux sous divers rapports importants.

A droite se voit le système Chaumé pour clarifier à vase clos et à basse température, lequel est le complément indispensable du raffinage du sucre dans le vide. Près de là est un fourneau à gaz carbonique pour la neutralisation des sirops trop alcalins.

Au dernier étage est un grenier en lits de pains; système excellent inventé par M. Leroux-Duffié.

Au dessus existe un rail-way suspendu pour le transport rapide des pains de sucre, lesquels sont montés à l'aide d'une chaîne à crochets.

112. — CUILLIER, fabricant de *chocolat*, à la Caravane, rue Saint-Honoré, 293, entre le passage Delorme et la rue des Pyramides.

L'immense succès obtenu par ce fabricant le dispense de tout éloge — Il suffit de constater que son mode de fabrication, la bonne composition de ses qualités, l'ont placé dans une position de supériorité telle qu'aucune concurrence ne peut lui être opposée.

113. — DUVAL, chimiste, inventeur breveté des *dalles hydrofuges*, à Paris, chez M. Lecocq, boulevart Beaumarchais, 57.

Il expose un procédé d'assainissement des localités humides et salpêtrées et des bâtiments neufs, ayant été honoré d'une médaille par la société d'encouragement.

L'assainissement s'obtient par l'application d'un lambris minéral à ventilation, composé de *dalles hydrofuges*, qui rejette à l'extérieur des appartements, à l'aide d'un courant d'air, les émanations des murs et les vapeurs délétères si contraires à l'hygiène. Par l'emploi de ce moyen, on se met à l'abri de ces sels volatils qui attaquent l'organisation animale et les bois; on conserve les céréales, les farines, les soieries, les ornements d'église et les bibliothèques; on rend les hôpitaux dignes de leur institution, on améliore les casernes, et l'on met les prisons en harmonie avec la civilisation.

En visitant l'établissement, le public verra un appartement entièrement assaini par le système Duval, dont une instruction très détaillée sera remise à chaque personne, chez Lecocq et Cie, boulevart Beaumarchais, n° 57. On peut tous les jours aller prendre connaissance, de 10 à 5 heures, au boulevart Beaumarchais, de ce procédé, dont M. Duval démontre la théorie et la bonté des applications.

114-115. — DUVELLEROY, fabrique et dépôt général, à Paris, boulevart Bonne-Nouvelle, 17.

BREVET D'INVENTION.

FILOIR pour remplacer le rouet, adopté par le ministère de la marine pour la filature de la filoselle dans les colonies, et par le ministère de l'intérieur pour les prisons et hospices de France.

Ce filoir est d'une construction solide et d'un mécanisme simple. Comparé au rouet, qu'il vient remplacer, il a sur lui des avantages incontestables.

Il file sans jamais casser son fil; il ne fait pas de bruit, et son mouvement est si doux, qu'un long travail ne fatigue pas. Il peut servir à une fileuse inhabile. Il sert à filer le lin, le chanvre, le coton, la soie de tous les numéros. Son premier avantage est de filer de suite en écheveau qui se fait sur la grande roue et prévient ainsi les retards du dévidage. Il est très portatif, puisqu'il se replie et se met sous le bras.

Prix : 12, 15, 20, 25, 30, 35, 40 et 50 fr.

Adresser les demandes affranchies avec un mandat à vue sur Paris, à M. Duvelleroy, boulevart Bonne-Nouvelle, n° 17.

Fabrique spéciale de rouets, métiers à broder, et de tout ce qui est nécessaire pour le travail des femmes.

EVENTAILS.

DUVELLEROY, fabricant, fournisseur breveté de S. A. R. madame la duchesse d'Orléans, passage des Panoramas, grande galerie, 17, et rue de la Paix, 15.

DUVELLEROY, brevet d'invention et médaille d'argent, boulevart Bonne-Nouvelle, 17.

COQUETIERS CALORIFÈRES.

Coquetier calorifère pour cuire les œufs à la coque en 3 minutes, avec 1/2 centime d'esprit-de-vin et pouvant en outre servir à faire une tasse de chocolat, une crème ou une bavaroise, en 5 minutes.

116. — VEDDER, *marqueteur* et fabricant de meubles et de nécessaires, rue du Pas-de-la-Mule, à Paris, 1, Beaumarchais.

On trouve dans cette fabrique un grand assortiment de meubles de Boule en bois de rose, ébène, cuivre, écaille, porcelaine, bronze, et modernes en tous genres; ainsi que des nécessaires de toilette pour homme et pour dame, caves à liqueurs, boîtes à ouvrage, à thé, à gants, à pupitres, à cachemires, corbeilles de mariage, dans tous les goûts, à tous prix, et parfaitement conditionnés.

Il fait la restauration des meubles de Boule, en marqueterie, ou sculptés, et des objets d'art, etc.

Cette maison expédie en province et à l'étranger.

117. — VILLETTE,

COMPAGNIE DES POMPES HYDRAULIQUES FRANÇAISES,

sous la raison sociale :

VILLETTE ET COMPAGNIE,

établie à Paris, rue de Ménilmontant, 28,
l'entrée par le quai Valmy, 59.

Pompe rotative aspirante et foulante, à jet continu, par brevets d'invention et de perfectionnement.

Economie de 60 à 80 pour 100 sur les prix ordinaires de toutes les pompes connues.

Médailles d'argent décernées par l'Académie de l'industrie de Paris aux expositions de 1839, 1841 et 1842, et à celle d'Alençon en 1842.

Depuis nombre d'années, beaucoup de pompes ont été établies, mais aucune n'a présenté les avantages voulus. Toutes, en général, pèchent par le défaut de solidité, la complication du mécanisme, les nombreux frottements, qui nécessitent des réparations multipliées, enfin par l'excessive élévation du prix.

L'on attendait une pompe simple, solide, presque exempte d'entretien, pouvant servir à tous les usages, se placer facilement dans tous les endroits, et qui fût d'un prix modéré. Après plusieurs années de recherche, les inventeurs sont parvenus à résoudre ce problème au moyen d'une pompe rotative aspirante et foulante, d'un effet puissant et d'une solidité à toute épreuve.

Cette pompe est applicable à tous les usages domestiques, agricoles et manufacturiers. Elle sert pour les raffineries de sucre, les épurations d'huiles, les machines à vapeur; elle remplace aussi avec avantage les pompes employées pour la marine et contre les incendies, et elle peut conduire l'eau dans les endroits les plus élevés.

Ses principaux avantages sont : un mécanisme simple, durable et solide, puisque la pompe, fixée seulement avec deux vis, peut être posée par le premier ouvries venu dans l'espace d'un quart d'heure; d'être exempte de bruit, de donner un *jet continu*, d'aspirer et de projeter à une grande hauteur un volume d'eau considérable Sa forme est gracieuse; son poids extrêmement léger, comparativement aux autres pompes connues, puisqu'i varie depuis 11 jusqu'à 200 kilogrammes, suivant le volume d'eau désiré. Un enfant de huit ans, avec le n° 1, peut donner 1200 litres d'eau à l'heure, l'élever à plus de 20 mètres, et la lancer à plus de 15 mètres, résultats admirables pour l'arrosement des jardins.

Elle n'a point l'inconvénient, si dangereux pour les machines à vapeur, de s'arrêter immédiatement par l'introduction de corps étrangers, tels que la paille, les éclats de bois et autres ingrédients, puisque rien ne peut s'opposer à sa marche, une fois mise en mouvement.

Elle est la seule qui ait pu être adoptée par un grand nombre de raffineries et de papeteries, où une expérience de plusieurs années a confirmé toutes les prévisions.

La marine royale vient d'en faire l'application sur des bâtiments de l'état pour l'épuisement de la cale, et de l'adopter pour le service intérieur de ses arsenaux; les propriétaires de mines s'en servent aussi comme moyen d'épuisement; enfin les maraîchers ou jardiniers, pour lesquels l'eau est une nécessité, malgré qu'ils soient prévenus contre les changements, renoncent successivement, depuis les pompes hydrauliques françaises, à celles dont ils se servaient. Tous aujourd'hui emploient les nouvelles pompes, et y adaptent des manéges simples et solides, qui sont aussi une création de l'établissement. Ces manéges, qui sont placés sous terre, dans un espace de 3 à 4 mètres carrés, remplacent les hideuses machines qui occupaient un terrain vaste et précieux.

MM. Villette et Ce feront conduire les amateurs dans les établissements, où ils verront fonctionner ces pompes montées avec de pareils manéges.

TARIF DES PRIX.

Numéros des POMTES.	Nombre de litres à l'heure.	Nombre de révolutions par minute.	Diamètre des tuyaux.	Prix des corps de pompes, non compris les brides.	Poids des pompes en kilog.
1	12 à 1500	60 à 70	20 millim.	80	11
2	15 à 1800	» à »	27 »	100	13
3	2000 à 2500	» à »	34 »	140	21
4	3000 à 3500	» à »	40 »	170	26
5	3500 à 4000	» à »	48 »	200	40
6	5000 à 6000	» à »	54 »	300	52
7	16 à 18000	» à »	80 »	600	115
8	25 à 30000	» à »	108 »	960	193
POMPES A INCENDIE SANS ACCESSOIRES.					
5	5000	60 à 70	40 »	758	
6	7000	60 à 70	48 »	900	

Observations.

Toutes ces pompes sont garanties pendant une année de tous vices de construction; quant aux défauts ou inconvénients provenant de la pose des pompes ou des manéges pour les mettre en mouvement, la société n'en est garante pendant le même temps que lorsque cette pose aura été faite par des ouvriers de l'administration.

Les tuyaux, brides, volants, clapets et tous autres accessoires, ainsi que la pose, sont en sus des prix désignés.

Les ventes ne se font qu'au comptant, et les frais d'emballage et de transport sont à la charge de l'acquéreur.

S'adresser, pour les commandes, à Paris, à M. VILLETTE et Ce, au siége de la Société, rue Ménilmontant, 28, l'entrée par le quai de Valmy, n. 59.

NOTA. On ne recevra que les lettres affranchies.

118. — MOHR, fabricant de garde-robes mécaniques, à Paris, rue Saint-Antoine, passage du Petit-Saint-Antoine, 69.

Expose des garde-robes portatives et fixes construites d'après un nouveau procédé, et offrant, tant pour la solidité que contre l'odeur, des garanties que l'on rencontre dans fort peu d'appareils du même genre. Aussi, grâce à la vérité de ces assertions, il voit chaque jour augmenter sa clientèle, et il ne cesse d'en recevoir les éloges les plus flatteurs.

119. — VAULOT, fabricant breveté de comptoirs de marchand de vin et de brocs, à Paris, rue Saint-Martin, 222.

La propreté pour les marchands de vin est une condition qu'ils obtiennent par l'usage des comptoirs en étain. C'est à la fabrication de ces comptoirs que s'applique tout particulièrement M. Vaulot : il est connu pour la pureté de son métal, qui offre toute sûreté; aussi, pour mieux répondre à la juste confiance qu'on lui accorde, il confectione de ces comptoirs en raison des prix que l'on veut y mettre; il les orne de bordures nouvelles, et fabrique en même temps les brocs et tous les appareils de distillation et de chimie, et tout ce qui est en étain.

120. — LEROY, fabricant d'aréomètres en métal, à Paris, rue des Fossés-Saint-Germain-l'Auxerrois, 29.

Fabrique et expose des aréomètres en métal pour peser les esprits, les sirops, le lait et les acides.

Il fabrique en outre de nouveaux instruments d'aréométrie en métal, indiquant la pesanteur spécifique des liquides jusqu'à près d'un milligramme, précision que l'on n'avait pas obtenue jusqu'à présent.

121. — HAMANN et HEMPEL, fabricants brevetés d'*instruments de précision*, à Paris, place Dauphine, 11.

Ils exposent un nouvel instrument de leur invention, *propre à tracer des ellipses*, dont la différence des axes peut varier à volonté. Cet instrument a obtenu l'approbation de plusieurs sociétés savantes de France et de l'étranger, et a été reconnu généralement comme le meilleur instrument dans son genre. Il a été fait un rapport très favorable au sujet de cet instrument à l'Académie des sciences et à la Société d'encouragement, qui a récompensé ses inventeurs par une médaille d'honneur.

122. — BLANC, fabricant breveté de CANNES A PARAPLUIES sans manches, les seuls se fermant sur la canne après la pluie, nouveau système breveté, rue de Tracy, 1, ou rue du Ponceau, 22, à Paris.

Les Cannes sont en façon jonc ou plaquées en bois des îles, elles servent d'étui et de manche au parapluie : par ce moyen, on n'a toujours qu'un seul objet en main, sans rien avoir à mettre dans la poche.

Le parapluie est solidement établi sur une monture en acier flexible et non cassant; il s'ouvre et se ferme promptement sans le secours d'aucun ressort.

La grosseur moyenne des cannes est de la largeur d'une pièce de 1 franc.

123. — VERREAUX (Edouard), naturaliste, membre de plusieurs sociétés savantes, et de l'Académie de l'industrie, 6, boulevart Montmartre, à Paris.

Les dix années passées par M. Ed. Verreaux à parcourir différentes parties du globe, et notamment son long séjour dans l'intérieur du cap de Bonne-Espérance, en collaboration avec deux de ses frères, également naturalistes, l'ont mis à même d'étudier les animaux, non seulement sous le rapport de leurs caractères distinctifs, mais encore sous celui de leurs habitudes et de leurs formes, ce qui lui permet de les reproduire de la manière la plus exacte : aussi a-t-il obtenu plusieurs médailles d'honneur à différentes expositions.

Outre l'avantage de puiser, en voyageant, des renseignements précieux sur les mœurs des animaux, M. Ed. Verreaux s'est ménagé des correspondants qui lui donnent la facilité d'avoir, dans les magasins qu'il occupe aujourd'hui comme successeur de son père, dont la réputation est si avantageusement connue pour les préparations, toujours des pièces rares à offrir aux amateurs et aux nombreux musées français et étrangers qu'il a l'avantage de fournir.

M. Ed. Vereaux possède des collections zoologiques dans lesquelles les hommes de science sont toujours assurés de trouver, sans perte de temps, des espèces variées et de la plus grande fraîcheur.

M. Ed. Verreaux expose divers groupes d'animaux préparés, et notamment une charge de singes, imitation bouffonne de Molière : c'est un *ouanderou* transformé en apothicaire, se disposant à prêter son ministère à un *sapajou* ou vrai type du malade.

Il suffira aux connaisseurs de s'attacher à la vérité de l'exécution, à l'expression donnée à chaque physionomie, pour reconnaître le rare talent de l'artiste ; aussi nous dispenserons-nous d'en faire ici l'éloge Seulement, nous nous contenterons de faire remarquer qu'il nous paraît presque certain que les avantages retirés par plusieurs marchands de ce nouveau genre d'enseigne dont M. Ed. Verreaux est le créateur, suffiront pour le propager, et que bientôt chacun sera désireux d'offrir à la curiosité du public une scène plus ou moins burlesque de sa profession.

Nota. Indépendamment des groupes de singes que M. Ed. Verreaux a déjà confectionnés pour plusieurs villes de France et de l'étranger, il en existe de remarquables à Paris, passage du Saumon, boulevart Montmartre, et ailleurs.

124. — THARIN, fabricant de *sabliers, d'ébénisterie et de cartonnages mécaniques*, à Paris, rue du Temple, 63.

Fabrique et expose des **Sabliers** de son invention montés et roulant sur cuivre et sur verre, *nouveaux sabliers* marchant par engrainage, et représentant les intérieurs de la Madeleine, de Notre-Dame de Lorette, et de plusieurs cathédrales, avec des processions, ainsi que des châteaux mouvants, chemins de fer, paysages et marines ; des élégantes toilettes en ébénisterie et cartonnages, des danseurs et danseuses, des saltimbanques, drôles et comiques. Il tient des assortiments de nécessaires avec sujets à mouvements dans le couvercle, et de très beau tableaux à musique. Il fait la commission et l'exportation.

125. — HURET (Auguste), cols et lingerie, à Paris, passage du Caire, 38, galerie Sainte-Foy.

M. Huret expose des corsets qui se distinguent par leur bonne confections, la qualité des étoffes et leur bon marché. Prix : 2, 3, 4, 5, 6 fr., et au dessus. Il fabrique aussi une solution de caoutchouc qui rend les chaussures imperméables.

126. — CHEMELAT, *coutelier*, à Paris, rue de la Vieille-Bouclerie, 5.

Les rasoirs évidés de M. Chemelat jouissent de la meilleure réputation ; et, quoique d'un prix très modéré, ils soutiennent avec succès la concurrence contre les meilleurs rasoirs anglais.

Il fabrique et expose en outre des rasoirs à deux tranchants qu'il vient d'inventer tout nouvellement, et qui offrent le double avantage de n'avoir qu'un manche et qu'une lame tout en ayant deux tranchants.

127. — BARBAROUX DE MEGY, de Marseille, fabricant de corail taillé et gravé, ayant son dépôt à Paris chez M. Laurent Bert, faubourg Poissonnière, 9.

M. Barbaroux de Mégy continue de donner la plus grande extension à la fabrication du corail taillé et gravé. Si, en France, le caprice de la mode abandonne momentanément ce genre de parure, qui peut se reproduire sous tant de formes, M. Barbaroux a su donner un autre débouché à ses produits, ce qui lui permet d'alimenter ses nombreux ouvriers, et de tenir tête à la concurrence italienne. Cette philanthropie mérite seule de fixer l'attention sur ses beaux et magnifiques produits.

Cette année il expose en outre des camées sur coquilles.

128. — TINET, fabricant de *porcelaines*, à Montreuil-sous-Bois, et pour la vente en gros et en détail, à Paris, rue du Bac, 29.

Le succès toujours croissant qu'obtiennent chaque jour les produits de cette maison lui ayant permis une grande extension dans ses moyens de fabrication, elle est en mesure de livrer dès à présent, et dans le plus bref délai, toutes les demandes qui lui seraient adressées conformément à ses modèles, ou d'après tout autre qu'on lui remettrait.

Ses imitations chinoises et japonaises, dont elle expose plusieurs échantillons, et dont la modicité du prix a rendu toute concurrence impossible, ne laissent plus rien à désirer pour la richesse et la solidité de leurs décors sous couvertes, et surtout pour leur parfaite ressemblance avec les véritables porcelaines de Chine, ainsi que l'a constaté un rapport de l'Académie de l'industrie, après un examen fait par une commission nommée par cette société.

Toutes les ventes et expéditions pour la France et l'étranger se font à Paris seulement.

129. — PRUNIER-POINSOT, fabricant des *véritables bougies de l'Aurore,* **à Paris, rue de Seine, 12.**

Parmi le grand nombre de bougies qui ont paru, le public à adopté celles qui comportent de véritables progrès et qui méritent d'occuper la première place. L'une de ces bougies est celle de *l'Aurore ;* elle est obtenue par des combinaisons chimiques, produit de longues recherches et de coûteux essais. Cette bougie est la *véritable bougie de l'Aurore,* de l'invention de M. Poinsot. Chaque jour voit grandir sa réputation, résultat ordinaire des inventions vraiment utiles et qui ont passé par le creuset de l'expérience. Dès l'apparition de cette inappréciable lumière, les artistes inventeurs, qui savaient que le public ne formait qu'un désir, celui d'un éclairage élégant et économique, reconnurent que le problème était résolu. Cette substance est tellement perfectionnée, qu'elle est arrivée à son apogée. La véritable bougie de l'Aurore a toutes les qualités de celle de blanc de baleine, mais à une degré bien supérieur. Cependant son prix est infiniment moins élevé, et sa durée est plus longue. La bougie de l'invention de M. Poinsot a un aspect élégant par sa demi-transparence et par sa forme gracieuse et coquette ; elle ressemble à une colonnette d'albâtre dont la nuance s'harmonise parfaitement avec l'or et le bronze; elle est sèche, dure, sonore, peu cassante, ne coule pas, reste jusqu'à la fin complétement inodore, et n'a jamais besoin du secours des mouchettes; elle est d'une blancheur naturelle, éclatante, et son contact ne laisse aucune trace aux mains ni aux étoffes. La lumière projetée par cette bougie équivaut à celle d'une lampe carcel de petit calibre, ce qui a fait que le public, frappé de sa vive clarté, l'a surnommé lui-même bougie-carcel. Toutes ces éminentes qualités, constatées par l'expérience, sont consacrées chaque jour par le témoignage consciencieux de personnes de distinction qui en font usage. La faveur générale, le succès prodigieux des véritables bougies de l'Aurore de M. P. Poinsot, ne pouvait manquer d'exciter la cupidité : c'est le sort réservé à toute belle invention. Mais la loi protectrice (1) a frappé toute contrefaçon déloyale de ces industriels qui ne pouvant rien par eux-mêmes, s'emparent du génie d'autrui; pauvre espèce, qui se cache et vit dans l'ombre, mais qui meurt au soleil!

Pour ne pas courir le risque de prendre pour bougie de l'Aurore de misérables imitations, qui n'ont de commun qu'une étiquette mensongère, qu'on vend insinueusement et sous un titre avantageusement connu dans le commerce, et sous des marques usurpées, il faut s'adresser aux deux uniques dépôts, rue de Seine, 12, et rue de Rivoli, 24.

(1) V. 1° le jugement de condamnation du 25 novembre 1842; 2° le jugement de police correctionnelle rendu dans deux audiences des 20 janvier et 3 février 1843 ; 3° l'arrêt de la Cour royale de Paris rendu les 6 et 11 avril même année, toujours en faveur de l'excellente, de la véritable bougie de l'Aurore, 12, rue de Seine Saint-Germain, et 24, rue de Rivoli, à la hauteur de l'église Saint-Roch, près les Tuileries.

130. — VOLKAERT, fabricant de marqueterie, à Paris, rue du Faubourg-Saint-Antoine, 79.

Les meubles en marqueterie, qui furent si long-temps abandonnés, reviennent peu à peu à la mode. C'est à ce genre de travail tout spécial que se livre M. Volkaert, qui se fait surtout remarquer par les bouquets et les guirlandes de fleurs en bois de couleur qu'il est arrivé à incruster avec une grande perfection dans d'autres bois de couleur différente. Le cadre exposé montre tout le parti que l'ébénisterie pourrait aujourd'hui retirer d'un genre de marqueterie fait purement et avec bon goût.

Il expose dans ce cadre, pour prouver la solidité des couleurs de ses bois, divers objets qu'il avait déjà mis à l'exposition de 1842.

131. — PELLERIN, fabricant de *mélophones*, rue Meslay, 58 *bis*, à Paris.

Seul breveté d'invention pour les mélophones à gammes chromatiques ascendantes et descendantes.

Nota. Deux perfectionnements très importants, sans lesquels il est impossible de bien jouer de cet instrument, viennent d'être apportés au mélophone par M. Pellerin.

Le premier est d'avoir, par un nouveau procédé, rendu l'exécution des gammes chromatiques aussi facile en descendant qu'en montant, ce qui est inexécutable sur les mélophones vendus jusqu'à ce jour.

Le second est d'avoir rendu l'archet de cet instrument auss doux à conduire qu'un archet de violon.

Ces améliorations indispensables peuvent être appliquées à tous les mélophones anciennement vendus sortant des ateliers de M. Pellerin.

132. — GIRAUD DE MONROC, propriétaire, à Valensole, par Riez (département des Basses-Alpes). S'adresser à Paris, à M. Dalmas, chez M. Garier, rue d'Argenteuil, 18.

M. *Giraud de Monroc* a pensé que la fabrication des huiles fines était susceptible de grandes améliorations, et depuis longues années il travaille à ce perfectionnement.

Il expose plusieurs échantillons d'huile d'olive perfectionnée par son nouveau procédé Cette huile d'une qualité supérieure deviendra indispensable aux grandes tables et se recommandera toujours au public par une pureté inaltérable.

M. Giraud de Monroc avait remarqué depuis long-temps que l'huile d'olive provenant des mêmes arbres présentait souvent deux qualités différentes, et il en attribua la cause à un vice de fabrication.

Depuis cette découverte, il s'est appliqué, par de nombreuses expériences, à la recherche d'un moyen sûr pour conserver à ce précieux liquide tout l'arome et tout le parfum que la nature à donnés au fruit dont on le titre.

M. Giraud de Monroc est parvenu à cet important résultat, et se propose aujourd'hui de répondre à toutes les commandes qui pourront lui être faites à ce sujet.

Son correspondant à Paris est M. Dalmas, chez M. Garier, rue d'Argenteuil, 18.

133. — CHOUILLOUX, ***calligraphe*****, à Paris, passage des Panoramas, galerie Feydeau, 10.**

Apprendre à écrire bien et promptement est l'avantage de la nouvelle méthode de M. Chouilloux. Les écritures les plus défectueuses sont changées ou perfectionnée en 20 leçons. Ces faits sont attestés par la signature de chefs d'institution et par celle de ses élèves, sur le tableau soumis au jury de l'exposition 1843.

134. — LEROY (Alphonse), fabricant de stores, à Paris, quai Saint-Michel, 15.

Fabrique des stores qui lui ont valu d'être honoré de mentions honorables et d'une médaille d'argent. Il expose des stores de différents genres représentant des monuments gothiques, divers personnages, des paysages et des fleurs réunissant la pureté du dessin à la vivacité des couleurs.

135. — GUINIER, fondeur fontainier, fabricant de garde-robes, breveté d'invention, à Paris, 35, rue de Grenelle-Saint-Honoré, ci-devant rue Saint-Honeré, 521.

Fabrique des garde-robes inodores d'un nouveau système, breveté pour cinq ans, et séparant l'eau des matières; des garde-robes inodores, tournant des deux côtés (robinet séparé); des cuvettes tout en fonte, dites pour eaux ménagères, ou de toilette, rendues inodores.

Enfin il tient une fabrique spéciale de garde-robes en tous genres, de siéges communs, de cuvettes à eaux ménagères tout en fonte, montées sur coussinets en cuivre.

Tous les ouvrages de sa façon sont garantis.

136. — LEFEBVRE, fabricant de ***pâte à rasoirs*****, à Paris, quai de l'Ecole, 22, en face les bains du Louvre.**

M. Lefebvre fabrique une pâte à rasoirs que l'en connaît sous le nom de pâte Augustine; elle fait parfaitement couper les rasoirs, et a reçu une mention honorable à l'exposition nationale de 1839.

137. — QUENTIN-DURAND fils, fabricant d'instruments d'agriculture et de jardinage, rue du Faubourg-Saint-Denis, 189, à Paris.

Fabrique des moulins à concasser les grains montés à la française, des hache-pailles rotatifs perfectionnés, des hache-feuilles du mûrier, propagés par MM. Camille Beauvais, Bunet, Lagrange, et Michel, secrétaire de la société d'agriculture du Var; des barattes perfectionnées, des râtissoires à cheval à râteau mobile, des nécessaires d'outils de jardinage, et des collections d'instruments à l'usage des jardiniers.

138. — DAUSSE aîné, pharmacien, fabricant breveté d'une nouvelle *cafetière*, qu'il nomme *à flotteur compteur*, à Paris, rue de Lancry, 10.

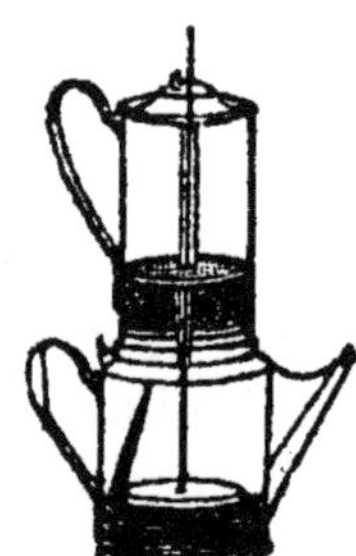

Ce nouveau système de cafetière est appelé à remplacer les cafetières dites à la Dubelloy dans tous les ménages, par suite de son prix, qui diffère peu de celui des filtres ordinaires, par sa simplicité, sa solidité, et les avantages qu'elle possède pour faire un café toujours d'égale force et d'une limpidité parfaite. Le café en poudre se place entre deux rondelles de flanelle maintenues dessus et dessous par deux plateaux métalliques percés de trous; on verse dessus de l'eau bouillante sans la mesurer, ou bien de l'eau froide qu'on chauffe ensuite à l'esprit-de-vin; et après cinq ou six minutes d'infusion on ouvre un robinet : aussitôt le café coule dans le récipient inférieur. Au fur et à mesure qu'il coule on voit sortir par le haut du couvercle du cylindre une tige portant des marques dont chacune indique qu'une demi tasse de café est passée au fond de la cafetière. Ainsi, dans le cas où l'on aurait mis dans une cafetière de huit tasses de la poudre pour ne faire que deux tasses; on fermerait le robinet aussitôt que le compteur aurait présenté le deuxième degré de l'échelle. L'eau versée en plus reste incolore au dessus de la poudre.

Elles sont faites en plaqué, en cuivre argenté ou étamé, en fer-blanc ou en porcelaine. Leur forme est très variée : il en est dont le robinet se ferme seul à la hauteur qu'on désire; d'autres sont munies d'une sonnette indiquant la fin de l'opération.

Il expose en même temps des extraits de plantes médicinales mous et secs, qu'il prépare en grand depuis sept ans pour les pharmaciens, extraits dont la vente en France et à l'exportation pour les colonies est considérable, surtout à l'état sec, car ils se conservent ainsi sans altération dans les climats chauds et humides.

Il expose en même temps de la manne en larmes, qu'il prépare en purifiant de la manne en sorte. Cette manne en larmes, d'une pureté extrême, est à meilleur marché que la manne en larmes naturelle; elle a les mêmes propriétés à dose égale, n'a jamais besoin d'être filtrée, et a été approuvée par l'Académie de médecine en 1837.

139. — BRIET, fabricant d'orfèvrerie plaquée et inventeur breveté de l'*appareil gazogène portatif,* à Paris, rue Notre-Dame-de-Nazareth, 29.

L'appareil appelé *gazogène portatif* que vient d'inventer M. Briet, et dont le volume n'est que du double d'une bouteille, est destiné à fabriquer instantanément de l'eau de Seltz, du vin gazeux, de la limonade gazeuse, tout en chargeant les liquides de gaz pur et sans aucun mélange d'acide.

M. Briet fabrique en outre toute l'orfèvrerie plaquée.

140. — LELOUTRE, *serrurier mécanicien*, successeur de Bécasse, fabricant de *coffres-forts* et de *serrures de sûreté,* rue du Caire, 10, à Paris.

Expose un coffre-fort qui est doublé en fer à l'extérieur et à l'intérieur; il est fermé avec une serrure à pompe double fond; elle a quatre pênes circulaires; de plus une combinaison perfectionnée, dont le mot se change à volonté au dehors de la porte, sans rien démonter.

Les tablettes du coffre sont en fer avec des tiroirs de sûreté, afin que, si le feu prend, les papiers qui y sont renfermés ne brûlent pas.

Il expose aussi des serrures et verrous de sûreté à pompes et à gardes mobiles.

141. — MOTHEREAU, fabricant breveté de *carreaux en plâtre pour cloisons*, à Paris, rue Rochechouart, 64 *bis*.

Ces carreaux, pleins ou creux, de 40 à 50 centimètres carrés, sont fabriqués tout en plâtre avec une rainure en réserve sur leurs côtés, et permettent, en les plaçant sur champ et au moyen du plâtre qu'on fait entrer dans ces rainures, d'établir des cloisons légères, des murs de refend, et des clôtures de toute épaisseur avec la plus grande économie, sans briques, sans montures en bois, et très solidement : toutes considérations qui méritent de ne pas être perdues de vue.

M. Mothereau, seul inventeur de ces carreaux, ne néglige rien pour apporter tout le perfectionnement possible dans ses produits.

142. — LAURY (G), fabricant breveté pour de *nouvelles cheminées*, *calorifères* d'appartements et *calorifères* de construction pour le chauffage de grands hôtels et de palais, à Paris, rue Tronchet, 29 et 31, et rue Neuve-des-Mathurins, 69 et 71, etc, près la Madeleine.

Livré depuis long-temps à de savantes recherches, à des études consciencieuses, à des travaux opiniâtres, M. Laury est parvenu à réaliser différents systèmes de chauffage qui, par l'économie du combustible, par la sécurité qu'ils donnent en préservant des feux de cheminées et de la fumée des cheminées voisines, se classent désormais parmi les progrès les plus utiles. Nous ne parlerons pas ici de ces riches œvres de fumisterie, dont la forme élégante, les ornements variés, les belles ciselures, attirent chaque jour des éloges à M. Laury. Le point principal qui nous attache, c'est la bonté du système étudié et mis au jour par cet ingénieux industriel; le mérite attaché à cette découverte est une victoire pour son auteur: car c'est lui, c'est M. Laury qui a expliqué l'embarras de ses devanciers; c'est lui qui, en sortant de l'habitude ou plutôt de la routine où son art fut long-temps stagnant et isolé, a résolu une question d'autant plus importante, qu'elle appartient à nos besoins communs de tous les jours.

Les appareils de M. Laury s'adaptent à toute espèce de cheminée et dans toutes les localités : leur invention et leur perfectionnement ont valu à M. Laury 15 brevets et plusieurs grandes médailles d'honneur. L'expérience leur a donné désormais une supériorité sur tous les autres systèmes.

Dans la vaste carrière de ses combinaisons ingénieuses, M. Laury a obtenu des succès qui témoignent de ses efforts et de son application. Nous lui devons les *grands* **CALORIFÈRES** *de construction* à concentrateur pour le chauffage des grands *hôtels et palais*, les *foyers mobiles* perfectionnés, les *foyers à rideaux circulaires* fixes et mobiles, les *cheminées culinaires*, les *cheminées-calorifères*, les *calorifères fumivores*, les *chauffe-pieds*, *chauffe-assiettes* et *bassinoires* à la *chaux* et à *l'eau* bouillante, etc., etc., aussi élégants qu'utiles, aussi magnifiques que précieux. Il garantit que ces appareils chauffent au bois, au charbon, au coke ou à l'anthracite à volonté.

Enfin M. Laury a imaginé un système *au gaz* de petite dimension, facile à mobiliser, qui, sans le secours de cheminée ni issue pour la fumée, chauffe les appartements avec les mêmes avantages que si ces dispositions existaient. C'est une précieuse découverte pour les localités qui, faute de moyen de chauffage, ne peuvent être habitées dans la saison rigoureuse.

En visitant les vastes magasins de M. Laury, on est ébloui par le luxe qui règne dans cette fabrication. Ceci est sans doute une recommandation spéciale pour le grand monde, qui comprend que, dans nos salons, le foyer doit être le premier annobli de parures et de recherches; mais ne cherchez point dans ces dorures perfectionnées, dans ces ciselures délicates, dans tout l'air artistique et noble qui règne sur tous les appareils de chauffage de M. Laury la pensée intime qui a occupé et qui occupe toujours leur auteur : car l'objet unique et constant des recherches de ce caminologiste, c'est la bonté de ses systèmes, appréciés dans le monde et en usage dans toutes les classes de la société.

Il est donc inutile d'ajouter ici que M. Laury n'a pas songé seulement à satisfaire les exigences des riches : ses produits sont accessibles à toutes les fortunes.

143. — BRIARD aîné, chimiste et parfumeur, breveté, à Paris, rue Ventadour, 8, au premier, en face du théâtre des Italiens.

M. Briard, fournisseur breveté de la maison de la Reine et de plusieurs cours étrangères,

Expose les produits suivants :

Eau Briard aîné dite *phénomène* pour empêcher les cheveux de blanchir même dans un âge avancé, et les faire croître ou épaissir.

Teinture Briard aîné dite *mucilage* pour teindre en sept nuances différentes les cheveux, les sourcils, favoris et moustaches, inaltérables par la transpiration, ne tachant ni le linge ni la peau, et durant trois mois sans avoir besoin d'être renouvelée.

Une autre pour les teindre à la minute perfectionnée.

Parfum exquis du Bouquet de famille et autres extraits d'odeur.

Bandeaux de nuit, cols-mentonnières, et recouvrements de nuit, préparés pour effacer les rides, embellir et unir la peau.

Poudre pour roser les ongles, justement estimée des fashionables.

Huile détersive pour faire briller les cheveux, *eau athénienne* pour les dégraisser, et *pommade créphocome* pour les régénérer.

CRÈME DIVINE. — *Almirzanach*, ou crème rosée; *rosée du printemps* et *lait rosé* de la belle Gabrielle pour blanchir et adoucir la peau.

Poudre de guimauve à l'amédine pour le bain.

Crème de Tayko et *savon végétal* pour la barbe.

Poudre épilatoire pour faire tomber les poils sans altérer la peau.

Eau Briard aîné ou *alakshir*, *poudre Briard aîné* ou *oximel curatif*, et *odontiphile* pour nettoyer et blanchir les dents.

Blanc et *rouge d'Idalie* inaltérables à la transpiration.

Pâte en poudre dite *l'Amie*, et *pâte liquide* dite *Amédine* pour blanchir et adoucir les mains et la peau.

144. — MILON-MARQUANT, fabricant de *tissus en laine fine*, à Beine, département de la Marne.

Fabrique des burats, voiles et batistes laine de la dernière finesse avec des chaînes filées à la main. Au lieu des voiles de laine extra-fins de 55 centimètres de largeur qui lui valurent une mention honorable à l'exposition nationale de 1839, il expose un voile extra-fin, ainsi que divers autres échantillons de mousseline laine extra-fine pour robes.

145. — MARSUZI DE AGUIRRE (M. C.), fabricant breveté de *chanvre imperméable*, manufacture boulevart des Amandiers, 24 (Belleville), dépôt central, boulevart Saint-Martin, 57, à Paris.

Les ornements d'architecture en *chanvre imperméable* présentent une pureté de contours et de détails qu'on avait jusqu'à ce jour désirée sans pouvoir l'obtenir. Ils peuvent s'appliquer à l'extérieur comme à l'intérieur des maisons, car ils ne craignent ni la chaleur ni le froid, et n'ont rien à redouter de la fraîcheur des plâtres ni de l'humidité des endroits où ils seront placés. Doués d'une force de résistance extraordinaire, ils sont très propres à être employés dans les endroits exposés aux chocs et aux frottements, n'ayant aucune aspérité capable d'endommager les vêtements et les meubles. Leur pose est très rapide et plus facile que celle du carton-pâte, plâtre, etc., puisqu'elle ne nécessite aucune préparation ni ouvriers spéciaux. On peut sans peine les enlever sans les endommager, pour les reposer ailleurs, et les expédier facilement, à cause de leur légèreté et du peu d'espace qu'ils occupent relativement en les emboîtant les uns dans les autres. Ce sont là de grands avantages, auxquels il faut ajouter celui du bon marché, non moins précieux.

Les gens de l'art reconnaîtront comme une propriété inappréciable celle de pouvoir les décorer avant de les mettre en place, tant en raison de l'économie que de la promptitude avec laquelle il leur sera loisible d'orner les constructions et même les appartements habités.

Ces ornements sont également applicables aux *encadrements* des tableaux et des glaces, à la *menuiserie*, au *cartonnage*, à *la reliure* des livres, à *l'ébénisterie*, à *la tapisserie*, et à tout ce qui concerne *l'ameublement.*

Enfin on fabrique avec la même matière non seulement des feuilles hydrofuges pour *couverture de maisons*, *hangars*, etc., mais encore des *plaques* pour les *assurances*, l'*indication* des rues et le *numérotage* des maisons, ainsi que des *lettres en relief* et des objets d'art et de fantaisie.

146. — CABEU, lampiste breveté, à Paris, rue de la Grande-Friperie, 21, près la rue Saint-Honoré.

Ce fabricant, qui obtint une mention honorable à l'exposition nationale de 1839, a perfectionné un système de lampes à lyre de manière à obtenir toute sécurité contre les fuites; elle brûle à blanc comme les Carcels sans laisser trace de fumée; son service est facile et se fait au moyen d'un bouchon qui est à demeure, et permet d'introduire l'huile et de régler le courant d'air, seule cause du niveau qu'elle conserve. Ce système supporte fort bien la réunion de plusieurs becs.

M. Cabeu fabrique aussi des lampes de bureau qui ont l'avantage de ne pas oxyder l'huile.

147. — MASSUE, fabricant de *peignes*, à Paris, rue Aumaire, 3 et 5.

Ce fabricant, auquel il a été décerné une médaille d'argent en 1841, continue à donner le plus grand degré de perfection possible aux peignes d'ivoire, et même à ceux de bois, comme le prouvent les divers articles exposés, et qui tous sont sortis de ses ateliers, dans lesquels ils sont fabriqués par des moyens mécaniques dont il est l'inventeur.

148. — MALDANT, inventeur breveté d'un

guide-longe, rue Chabrol, 49, à la Chapelle Saint-Denis, et dépôt dans le centre de Paris, à l'administration des Urbaines, rue Joquelet, 5.

Cet appareil nouveau, que l'on peut voir fonctionner à l'administration des Urbaines, sert à attacher les chevaux dans les écuries.

Les personnes qui se servent de chevaux, soit par goût, soit par nécessité, apprécieront les avantages du guide-longe :

1° Il rend impossible la prise de longe : c'est là son premier point d'utilité ;

2° Le cheval ne peut manger sa longe;

3° Cet appareil agit sans faire aucun bruit.

149. — FERON, fabricant de *rampes*, à Paris, rue de Clichy, 29.

Expose des modèles de rampes pour lesquelles l'Académie de l'industrie et la société d'encouragement lui ont décerné des médailles d'argent. Il est arrivé, comme l'ont dit les deux rapporteurs de ces sociétés, à se faire remarquer par l'élégance des formes qu'il donne à ses rampes et par la solidité de leurs assemblages.

150. — LESOUEF (Mlle Zulma), fabricante de *cols* et lingerie, à Paris, rue du Marché-Saint-Honoré, 9, au fond de la cour, à l'entresol.

Fabrique des cols et cravates dans le genre le plus élégant, très souples et ne se déformant jamais ; elle fabrique aussi des chemises, des cols de chemises, des jabots, manchettes, et cravates en tous genres, ainsi que les rosettes cartonnées pour les décorations que portent MM. les officiers des divers ordres : enfin elle fabrique les grands cordons de la Légion-d'Honneur et expédie en France et à l'étranger.

151. — LEJEUNE fils, fabricant d'un nouveau système de *charnière* et de *moulins à poivre*, à café, etc., à Paris, rue de Charenton, 83, faubourg Saint-Antoine.

Fabrique, par de nouveaux moyens mécaniques, des *charnières en fer* et en cuivre plein à nœuds roulés, d'après des procédés mécaniques brevetés. Ces charnières, d'une fabrication toute nouvelle, se distinguent par des nœuds parfaitement ronds et bien plus solides que ceux des charnières ordinaires ; elles ont un mouvement très doux, et présentent une précision, une force et une régularité supérieures.

En outre un *moulin* breveté pour *moudre le café, le poivre*, ou toute autre graine. Ce moulin, d'une forme gracieuse peut servir d'ornement dans les magasins où il est dans le cas d'être placé. Il est d'un nouveau système de montage qui le met à l'abri des grands inconvénients qu'on reprochait à l'ancien système. Ce moulin est beaucoup plus facile à tourner que les autres ; il peut se placer sur un comptoir, une tablette, etc., sans qu'on soit obligé de le monter sur un banc spécial, qui occupe toujours beaucoup de place. Cet avantage évite une dépense, car il suffit de l'attacher avec quatre vis.

M. Lejeune, mentionné honorablement à l'exposition nationale de 1839 pour l'ensemble de sa fabrication, et honoré d'une médaille à l'exposition de l'Académie de l'industrie de 1842, a apporté récemment de grandes améliorations dans ses procédés de fabrication des charnières de son nouveau système. Ces améliorations successives, qui conservent à sa maison toute spéciale une réputation déjà ancienne et justement méritée, ont pour objet, en raison des économies qu'elles offrent et de la supériorité de produits sur l'étranger, d'étendre ses débouchés d'exportation.

152. LA HAUSSE, compositeur et professeur de musique, facteur et accordeur, rue Neuve-Vivienne, 57, au coin du boulevart, à Paris.

Expose divers morceaux de musique de sa composition savoir :

1° Quatorze morceaux de chant, consistant en *chants divers*, *fables de La Fontaine*, et *mélodies* sur les poésies de Mme Tastu;
2° Programme d'une *Ecole spéciale de la romance* ;
3° Méthode pratique au moyen de laquelle on peut apprendre à *accorder* soi-même *son piano* en UNE SEULE LEÇON ;
4° Idem l'*harmonie élémentaire*.

M. La Hausse tient chez lui un *cours progressif de piano* d'après les meilleures méthodes et avec l'usage du *clavigrade-exerce-doigts*, petit clavier de poche inventé par lui, *breveté en* 1836 et honoré d'une médaille d'argent de l'Académie de l'industrie en 1838. Ce petit instrument résume et supplée tout ce que l'on a fait auparavant et *depuis*, pour faire acquérir aux doigts l'agilité, la souplesse et la force.

Auteur de la *Physiologie didactique du mélophone* et rapporteur de la commission académique nommée pour l'examen de ce nouvel instrument (voir le *Journal de l'Académie de l'industrie*, août 1841), M. La Hausse est à même de donner les plus utiles renseignements aux artistes qui voudraient connaître à fond le mélophone.

153. — BISSON (L.-A.) fils, artiste photographe à Paris, rue Saint-Germain-l'Auxerrois, 65.

Obtient des portraits au daguerréotype à l'aide de nouveaux perfectionnements qui ont été présentés par lui successivement à l'Académie des sciences (Institut de France).

Ses épreuves se distinguent par la vigueur de la teinte, par l'atténuation du miroitage et par la promptitude de la pose, qui permet de saisir immédiatement l'expression de la physionomie.

154. — CHATELAIN, coutelier, fabricant breveté de *rasoirs*, à Paris, rue Jean-Jacques-Rousseau, 1.

Les personnes les plus difficiles à raser accordent depuis quelque temps une préférence marquée aux *rasoirs Châtelain*, ce qui tient à leur forme commode, et surtout à leur trempe régulière, qui leur donne une qualité sinon supérieure au moins égale à celle des meilleures rasoirs d'Angleterre.

M. Chatelain vend ses rasoirs de nouvelle invention 6, 8 et 12 fr. avec garantie, et expédie en province et à l'étranger.

155. — CARETTE, tapissier-décorateur breveté d'invention pour les décors d'appartements sur *châssis mobiles*, à Paris, rue du Faubourg-Poissonnière, 31.

Ces châssis mobiles ont obtenu une mention honorable en 1839, et une médaille de bronze en 1841, à l'exposition de l'Académie de l'industrie; ils sont inventés pour la *salubrité*, l'*économie* et l'*agrément*.

Sous le rapport de la *salubrité*, ils isolent les papiers et étoffes des murs fraîchement construits, et laissent assez d'espace pour faciliter le desséchement des plâtres, la circulation de l'air derrière les tentures, et préserver ainsi l'appartement de l'humidité.

Comme *économie*, ils permettent, à la fin de la belle saison, quand on quitte les châteaux et les maisons de campagne, d'enlever des murs les tentures, de les mettre au sec pendant l'hiver, et de les reposer à leur place au printemps, sans qu'elles aient éprouvé de détérioration : car, n'étant plus renfermées, pendant les temps humides et pluvieux de l'hiver, dans les appartements des châteaux ou maisons de campagne qui ne sont pas habités pendant cette mauvaise saison, il est facile de les conserver sans qu'ils se pourrissent ou tombent en lambeaux.

Enfin, pour l'*agrément*, au moyen d'une cloison faite avec ces mêmes châssis, on peut transformer à l'improviste une grande pièce en deux, ou établir à volonté des pavillons dans les parcs et jardins.

Ces châssis sont établis avec toute l'économie possible, et ne varient dans leurs prix que selon la dimension ou la richesse des tentures. Divers modèles en petit sont visibles chez l'inventeur, qui confectionne et entreprend tout ce qui est relatif aux ameublements, et fait le loyer des banquettes et décors pour bals, soirées et distributions de prix.

156. — BARRÉ, fabricant de *fonte malléable*, à Paris, rue Ménilmontant, 50.

Par des procédés particuliers d'affinage, la fonte est convertie en fer plus doux et plus malléable que le fer forgé; elle est employée avec succès pour la mécanique, dans les articles de quincaillerie, de serrurerie, sellerie, taillanderie, batterie de cuisine, couverts en fer étamés et plaqués, objets d'art, bustes, etc., tout ce qui s'exécute en fer, cuivre et acier.

Cette fonte, à laquelle une médaille d'or fut accordée en 1840, offre l'avantage inappréciable de pouvoir être forgée, soudée et trempée.

Le prix des articles courants est de 1 fr. 50 c. le kilogramme.

M. Barré fabrique également des *crémones parisiennes* depuis 4 jusqu'à 50 fr. la pièce,

Ainsi que de nouvelles ROULETTES pour meubles.

157. — MORISOT, fabricant de *moulures en bois vernis*, imitant les bois étrangers, à Paris, boulevart Beaumarchais, 2, près la station des omnibus.

On y trouve surtout pour spécialité des moulures en sapin verni, imitant tous les bois étrangers (qui lui ont mérité un brevet d'invention et de perfectionnement), ainsi que des bâtons ronds, unis et à baguettes, pour rideaux de lits et de croisées, et généralement toute la moulure de bâtiment.

158. — CRÉMER, artiste découpeur en marqueterie et en mosaïque, à Paris, rue de l'Entrepôt, 29, ou rue Lacasse, 7, faubourg Saint-Martin.

Depuis huit ans qu'il habite Paris, M. Cremer travaille dans les incrustations de différents genres et connaît toutes les difficultés des meubles. Il est arrivé au point de surmonter tous les inconvénients, et en 1839, à la grande exposition nationale, il a obtenu la médaille de bronze, la seule qui ait été décernée pour ce genre d'industrie.

159. — BOUVET, fabricant breveté de *sous-pieds* se retirant à volonté, à Paris, rue Neuve-des-Petits-Champs, passage des Deux-Pavillons.

Fabrique et expose de nouveaux *sous-pieds* à bascule qu'on met et qu'on retire à volonté au moyen d'une petite coulisse qu'on fixe au bas du pantalon, qui permet de placer la partie ouvrante de l'agrafe. Il tient également des crayons en or et en argent, et des fournitures de bureaux en tous genres.

160. — BEAU (Mme), *magasin central du copiste électro-chimique*, rue Saint-Pierre-Montmartre, 12, à Paris.

Le COPISTE ÉLECTRO-CHIMIQUE est un nouveau procédé breveté d'invention, extrêmement simple et expéditif, pour copier partout, soi-même, en un instant, sur registre ou sur feuilles détachées, sa correspondance, ou tous autres écrits, ainsi que les plans et dessins, sans presse ni aucun attirail embarrassant, et sans altérer l'original.

On trouve à ce magasin un grand choix de ces appareils portatifs dans les formes les plus variées et les plus élégantes depuis 10 fr. jusqu'à 200 fr. et au dessus; des registres-copies de lettres à des prix très modérés, et des encres supérieures obtenues par de nouveaux procédés, à 30 c. le litre et au dessus.

161. — LABRUGUIÈRE, coiffeur, à Paris, rue Saint-Martin, 149.

Successeur de M. Mailly, M. Labruguière cherche à se rendr digne de la confiance que son prédécesseur avait si justement su acquérir dans l'art de la coiffure et dans la fabrication de tous les articles qui s'y rattachent.

162. — GEORGER, distillateur, à Paris, boulevart Montmartre, 10.

Ce distillateur fabrique tout spécialement l'EAU FRANÇAISE, qui surpasse par la finesse de son parfum toutes les eaux de Cologne connues ; elle se vend 1 fr. 25 cent. le flacon.

Il confectionne également la *poudre* et l'*eau balsamique de Florence*, pour l'entretien et la conservation des dents, seuls dentifrices obtenus sans acides. On les vend 1 fr. 50 cent. la boîte de poudre, et 2 fr. 50 cent. le flacon d'eau balsamique.

163. — VERSTAEN jeune, chapelier, à Paris, rue Sainte-Anne, 48.

Fabrique toute chapellerie fine en gros et en détail. On trouve chez lui des chapeaux dans le dernier goût et d'une confection supérieure, apprêtés à l'imperméable contre la transpiration. Les prix, de 30 p. 100 au dessous de ceux connus, sont fixés ainsi qu'il suit :

Chapeaux de soie, de 9 à 13 fr. au lieu de 11 à 16 fr.
Chapeaux de castor, de 18 à 22 fr. au lieu de 22 à 30 fr.

164. — GRENIER, tôlier, fabricant breveté de *fourneaux à l'usage des blanchisseuses, tailleurs,* et *teinturiers* dégraisseurs, et *cheminés culinaires*, fabrique rue des Orfèvres, 2 *bis*, et le magasin rue Saint-Germain-l'Auxerrois, 43, près le Pont-Neuf.

M. Grenier a obtenu divers brevets d'invention et une mentio honorable de l'Académie de l'industrie dans sa séance annuelle du 11 avril 1842, pour la grande amélioration et les nombreux perfectionnements qu'il a apportés dans ses nouveaux calorifères à concentrateur à l'usage des blanchisseuses. Ces fourneaux offrent moitié d'économie sur ceux de l'ancien système. Il fabrique aussi les fourneaux portatifs pour chaudières à lessives.

NOTA. Il prie de ne pas confondre sa maison rue St-Germain-l'Auxerrois, n. 43, avec une autre nouvellement établie dans la même rue.

165. — POITEVIN, fabricant breveté de boucles sans ardillons, par traction et pression, à Paris, rue de Vendôme, 13.

Cette boucle, qui a obtenu la préférence sur tout autre genre, ne laisse plus rien à désirer pour sa solidité, par suite d'un nouveau perfectionnement; elle offre l'avantage de préserver de déchirures les rubans et tissus, et tout ce qui est mis en contact avec elle.

Ces boucles sont employées pour bretelles, pantalons, gilets, cols civils et militaires. Il en existe de nouveaux modèles pour ceintures de dames, dorés et deuil.

Il fabrique aussi une nouvelle ENCRE EN POUDRE.

166. — JOURDAIN, *tapissier*, fabricant breveté des *sommiers Jourdain*, construits tout en fer, à Paris, boulevart Saint-Denis, cité d'Orléans, 5.

Ces sommiers, infiniment supérieurs à tout ce qui s'est fait jusqu'à ce jour, ont, entre autres avantages sur les anciens sommiers, ceux d'être plus agréables au coucher, de ne pouvoir être attaqués des vers, de n'avoir jamais besoin d'être rebattus, et de conserver toujours la même forme et la même élasticité.

Il en établit aussi d'analogues par un procédé légèrement modifié, qu'il peut donner à des prix beaucoup plus modérés.

167. — RAYNAL, bandagiste mécanicien, inventeur breveté d'un *lit nouveau* appelé *lit Ray-*

nal, à Paris, rue Saint-Denis, 388, entrée par la rue Neuve-Saint-Denis, 42.

Expose un lit nouveau qu'il appelle *lit Raynal*, et comme convenant tout spécialement à la santé et à la propreté. Il est construit de manière que ce lit, au besoin, peut en former deux entièrement distincts l'un de l'autre, de sorte qu'ils peuvent être transportés dans deux pièces séparées. Ce lit, en outre, offre dans des tiroirs tout ce qui peut être utile à la toilette et à la propreté.

168. — BAUVE, fabricant breveté des *chandelles-gaz*, à Paris, rue de Vaugirard, 91.

Se livre à la fabrication spéciale des chandelles connues tout particulièrement sous le nom de *chandelles-gaz*. Cette espèce de chandelle est fabriquée avec du suif préparé par des procédés nouveaux, découverts et appliqués par M. Bauve, qui seul a le privilége de cette fabrication. Cette chandelle, aussi belle que la bougie, a sur la chandelle ordinaire l'avantage de donner une flamme blanche et pure, de ne pas fumer, et de ne répandre aucune odeur désagréable. Sa consistance est tellement grande, qu'elle peut supporter une haute température sans se fondre; aussi convient-elle spécialement pour l'exportation. Sa durée étant de une à deux heures de plus que celle de chaque chandelle ordinaire, on peut assurer que son usage pour le consommateur est tout aussi économique sans en avoir les inconvénients.

169. — CAPRON aîné, successeur de son père, fabricant d'instruments de chirurgie, à l'*Etoile couronnée*, à Paris, rue de l'Ecole-de-Médecine, 10.

Coutelier de plusieurs hôpitaux civils et militaires, connu avantageusement pour la fabrication des lancettes et les repassages, fait tous les instruments de chirurgie en or, argent, ainsi que la coutellerie de première qualité, tient un assortiment complet d'instruments de gomme élastique et bandages.

Cette maison, qu'il conduit depuis six ans comme successeur de son père, est connue depuis vingt-cinq ans pour la perfection de ses lancettes et de ses tranchants.

170. — LE FOYE (Louis), ***artiste en cheveux,*** **rue Notre-Dame-de-Recouvrance, 50, boulevart Bonne-Nouvelle, et passage des Panoramas, galerie de la Bourse, 1.**

Admis aux expositions nationales de 1827, 1834 et 1839, membre de l'Académie de l'industrie.

L'artiste en cheveux est indispensable au commerce des cheveux, devenu d'une si grande importance depuis quelques années ; non seulement il utilise les cheveux provenant des coupes faites par les coiffeurs, mais il achète, ainsi que les fabricants de perruques, les masses de cheveux qui journellement arrivent à Paris, Lyon, Bordeaux et Marseille. Ces cheveux s'expédient par caisses de 2 à 300 kilogrammes des départements de la Bretagne, de la Normandie, de l'Auvergne, et même de l'étranger. En effet, les Indes fournissent leur bonne part de cette matière première, et l'on se rappelle qu'en 1826 plus de 100 caisses de 300 kilos furent expédiées de Calcutta au Havre. Malheureusement la grosseur de ces derniers est telle, que leur usage est très restreint ; néanmoins on sait qu'il entre encore en France pour plus de 132,000 fr. de cheveux, dont une grande partie est mise en œuvre par les artistes parmi lesquels on doit remarquer M. Louis Le Foye, qui expose :

1° Plusieurs tableaux en cheveux de différents genres, d'une belle exécution, parmi lesquels on remarque particulièrement les Enfants du pêcheur, tableau de grande dimension dont les personnages sont remplis d'expression ;

2° Des tresses de toute espèce pour cordons de sûreté, tours de col et bracelets serpents tachetés en fil d'or et entièrement en cheveux, ainsi que de divers autres nouveaux genres les plus à la mode, boucles d'oreilles, bagues, boutons, broches, bourses, etc.

Les tresses faites dans cet établissement, quoique souvent avec des cheveux courts, n'en sont pas moins unies et solides ; on y trouve un bel assortiment de garnitures en or.

Nota. Le public a chez cet artiste l'avantage de voir travailler ses cheveux sans augmentation de prix. On va aussi travailler chez les personnes qui le désirent.

171. — CHAULIN, fabricant breveté, à Paris, rue Saint-Honoré, au coin de la rue Richelieu, près le Palais-Royal.

Expose l'*encrier siphoïde* (le seul breveté) et le *papier hebdomas*.

L'encrier siphoïde de M. Chaulin est *le seul* qui ait obtenu du jury central de l'exposition une *mention honorable. Aucune médaille n'a été décernée par le jury, aucune mention honorable n'a été accordée à d'autres encriers.*

L'encrier siphoïde, reconnu supérieur à tous les autres, a obtenu les rapports les plus favorables de plusieurs sociétés savantes et industrielles, qui ont déclaré, après examen et comparaison, que l'encrier siphoïde de M. Chaulin était *le meilleur de tous les encriers*. L'encre s'y conserve toujours fluide et claire, sans exiger ni soin ni entretien, quelle que soit la température. Cet encrier convient également aux personnes qui écrivent peu et à celles qui écrivent beaucoup.

L'encrier siphoïde est en cristal, sans aucun de ces appareils si sujets à se déranger, et dont le moindre inconvénient est de mettre l'encre en contact direct ou indirect avec un métal quelconque qui la détériore et la décompose.

L'ENCRIER SIPHOIDE DE M. CHAULIN jouit maintenant d'une vogue assurée et méritée. Un tel succès a dû nécessairement donner l'éveil à ces nombreux imitateurs, qui sont toujours à la piste des idées des autres, et, ne pouvant pas s'emparer de la forme de l'encrier siphoïde, dans la crainte fondée d'être poursuivis comme contrefacteurs, ils en ont pris le titre. Mais la qualité de l'encrier dépend de la forme, et non du titre.

Cependant, pour prévenir les erreurs que pourrait occasionner l'usurpation du nom de siphoïde, *nom créé par M. Chaulin*, et que l'on donne sans scrupule à tous les encriers à tubulure, quelle que soit leur forme, les véritables encriers siphoïdes, les seuls qui ont obtenu une *mention honorable* et une *médaille en argent*, portent tous dans le cristal l'indication : CHAULIN, BREVETÉ.

Prix : 2 francs et au dessus.

Remise très avantageuse aux marchands et aux commissionnaires.

Spécialité pour écritoires en cristal, fayence, porcelaine, bois, marbre, bronze, velours, avec ou sans garnitures.

ENCRIERS HÉRALDIQUES. — Les encriers héraldiques avec siphoïdes, dont les modèles établis par M. Chaulin ont été déposés, sont, dans leur genre, ce qu'il y a de plus élégant et de plus distingué.

RAPPORT DU JURY CENTRAL DE L'EXPOSITION. — « M. Chaulin, dont tous les pro-
» duits sont remarquables par leur bonne fabri-
» cation, expose un encrier siphoïde qui a eu un
» grand succès dans le commerce, parce qu'il
» remplit parfaitement le but auquel il est des-
» tiné ; les personnes qui l'ont employé lui ren-
» dent pleine justice. M. Chaulin en a varié les
» formes et les prix de manière à le mettre à por-
» tée de toutes les bourses. » (Tome III, p. 441.)

Une médaille d'honneur en argent a été décernée en 1839 à l'encrier siphoïde par l'Académie de l'industrie.

Papier hebdomas. Ce papier fashionable se distingue de tous ceux qui ont été publiés jusqu'à ce jour, autant par l'exactitude des vignettes, dont les dessins ont été faits par l'un de nos premiers artistes, que par l'élégance et la pureté des couleurs, qui en font de véritables aquarelles. Chaque jour a son époque, ses personnages, ses costumes. Ainsi, par exemple, *Lundi*, costumes du règne de Henri III; — *Mardi*, époque de Louis XIII; — *Mercredi*, Louis XV; — *Jeudi*, époque du roi Jean; — *Vendredi*, de Charles VI; — *Samedi*, de Louis XIV; — *Dimanche*, de Louis XII.

Prix, 1 fr. 50 c. en or ou en couleur, 6 fr. à l'aquarelle, compris le couvercle, qui forme portefeuille.

N. B. M. Chaulin vient de faire fabriquer des *plumes siphoïdiennes* en acier perfectionné, dont la souplesse égale celle de la plume d'oie. Ces plumes conviennent à tous les genres d'écritures, et l'encrier siphoïde, en leur conservant toutes leurs qualités, les rend presque inusables. — Prix : 6 fr. la grosse en boîtes estampées. — Plumes dorées à 2 fr. la douzaine, sur cartes gaufrées.

On trouve dans les magasins de M. Chaulin tout ce qui paraît de plus nouveau en articles de goût et de fantaisie : *tabletterie*, *maroquinerie*, *bronzes*, *dorures*, *porcelaines*, *statuettes*, *groupes*, *objets d'art et de curiosité.*

NOUVEAU POLYGRAPHE très portatif, offrant à la fois économie, promptitude, exactitude, pour écrire en même temps la lettre et la copie.

On peut même obtenir à la fois deux ou trois copies. — Prix : 20 fr. et au dessus.

Papeterie anglaise et française, de luxe et de bureaux.

172. — GEORGÉ, pharmacien, membre de l'Académie de l'industrie, correspondant de la société des sciences physiques et chimiques de Paris, fabricant breveté de la *pâte pectorale*, à Epinal (Vosges).

Parmi toutes les préparations employées pour la guérison des maladies de poitrine, on doit citer en première ligne la *pâte* de réglisse et de gomme préparée dans la PHARMACIE SPÉCIALE établie par M. Georgé à Epinal, place des Vosges, n. 14.

Cette pâte est reconnue très efficace et recommandée par tous les médecins, qui la connaissent comme le meilleur remède contre les inflammations et irritations de la poitrine, les *rhumes*, les *enrouements*; elle a le mérite d'être simple et agréable, remplace avantageusement les tisanes pectorales, et convient aux personnes qui veulent se soigner en continuant leurs affaires ou leurs voyages. Le prix, moitié moins cher que celui de toutes les autres *pâtes* du même genre, a rendu son usage populaire et sa consommation immense.

Un grand nombre de médecins de Paris et des départements ont constaté l'efficacité de cet excellent *bonbon pectoral* par des observations et certificats, parmi lesquels nous citerons seulement celui de M. le docteur Belliol :

« Je soussigné, médecin à Paris, déclare que de tous les pectoraux je n'en trouve pas de plus efficace que celui de M. Georgé, pharmacien d'Epinal; il a l'avantage inappréciable de calmer les irritations de la poitrine, de l'estomac et des intestins, sans les fatiguer, et tous mes malades qui en font usage en éprouvent un très prompt soulagement. Je donne mon approbation entière à cette pâte pectorale, et me fais un devoir de la prescrire comme moyen seul capable de détruire et de prévenir les irritations de poitrine, aujourd'hui si fréquentes et si funestes; je ne saurais trop en conseiller l'usage habituel à tous ceux qui sont obligés de parler ou de chanter en public, qui sont sujets aux enrouements ou extinctions de voix, qui ne peuvent s'astreindre à un régime, et veulent se soigner, tout en continuant leurs affaires ou leurs voyages; elle convient enfin aux personnes qui, par l'état de leur estomac, ne peuvent supporter les tisanes pectorales, qu'elle remplace avantageusement.

» Paris, 15 novembre 1835.

» Le chevalier BELLIOL, D. M. P. »

Des dépôts sont établis dans toutes les villes de France; et à Paris chez MM. les pharmaciens Hébert, galerie Véro-Dodat, 4; Lebrunt-Renault, rue Dauphine, 10; Martin, galerie Vivienne, 42; Carlhian frères, droguistes, cour Batave, 18.

173. — DIER, ***tailleurs*** **de S. A. S. le landgrave de Hesse-Hombourg, et** ***remettant à neuf les vieux habits,*** **à Paris, rue Saint-Honoré, 347, près la rue Castiglione.**

Les procédés de M. Dier rendent aux draps fatigués leur apprêt et leur couleur primitive, font disparaître les taches accidentelles dont ils peuvent avoir été salis pendant l'usage, et rendent aux vêtements toute la fraîcheur de leur nouveauté.

Les produits de cet établissement admis à toutes les expositions lui ont mérité des médailles d'honneur en 1835 et 1839.

174. — LAINÉ, fabricant de ***cartons de bureau,*** **à Paris, rue du Maure-Saint-Martin, 6, en face le passage Molière.**

Fabrique et expose des cartons de bureau et de magasin d'une nouvelle invention, plus solides et moins chers que les anciens, ce qu'il lui est permis d'obtenir au moyen de son nouveau procédé pour couper les feuilles de carton.

Par suite de son changement de domicile et grâce à l'agrandissement de ses ateliers, il peut actuellement répondre à toutes les demandes qui lui sont adressées.

175. — PAUBLANC, serrurier-mécanicien, fabricant de ***coffres-forts*** **et de** ***serrures à combinaisons,*** **à Paris, rue Saint-Honoré, 366.**

Expose un coffre-fort avec une serrure à combinaisons, exempte du danger du tact et des indications fournies par la résistance du pêne et du va-et-vient. Cette amélioration offre une ressource tellement grande pour le serrurier contre les malfaiteurs, qu'elle a reçu de nombreux encouragements; aussi, quoique ce mécanisme ne fût encore, pour ainsi dire, qu'indiqué à l'époque de l'exposition nationale de 1839, il lui valut alors une mention honorable, et en 1840 une médaille d'honneur en argent.

176. — JALADE LAFOND (Le docteur), ***chirurgien herniaire*** **de feu S. A. R. Mgr. le duc d'Orléans, du prince de Valdeck, des hôpitaux, des hospices, du bureau central, des bureaux de bienfaisance, de charité, de la liste civile, du collége royal de Louis-le-Grand, du collége Sainte-**

Barbe, de la Société de bienfaisance polonaise, etc., etc. ; membre titulaire de la Société de médecine pratique, de la Société générale de prévoyance, de la Société de statistique universelle, de l'Académie de l'industrie agricole, manufacturière et commerciale ; membre correspondant de la Société des sciences physiques et naturelles de Bruxelles, etc., etc., à Paris, rue Vivienne, 23.

Les hernies sont si nombreuses en France, qu'un quinzième de la population se trouve obligé de porter des bandages. Bien qu'on observe quelques exemples de guérison par la seule application de cet appareil, ces cas, qu'on peut dire exceptionnels, sont presque toujours temporaires.

Cela tient à ce que les pelotes dont on s'est servi jusqu'à présent n'ont été employées que comme simple remède mécanique, et, lorsqu'elles ont agi autrement, c'est accidentellement et en dehors de l'intention qu'on s'était proposée : on n'avait songé, en effet, qu'à boucher simplement le passage des viscères, et, soit que le sac eût été réduit, soit qu'il fût resté en place, on ne visait qu'à aplatir l'anneau aponévrotique, à refouler la paroi ventrale correspondante, et à s'opposer mécaniquement au retour de la hernie. Si donc ce mode d'action, tout imparfait qu'il est, a produit dans quelques cas des effets dynamiques ou vitaux, enflammé les parties, et déterminé la guérison radicale de l'infirmité, cet effet, cependant, n'a été qu'accidentel, pour ainsi dire, puisqu'il n'existe rien dans les pelotes ordinaires qui soit propre à le produire constamment à volonté et au degré d'intensité que l'état des parties pourrait le réclamer.

A part cette lacune essentielle de l'action vitale, les pelotes généralement employées ont un défaut fondamental : c'est de n'agir que sur l'ouverture externe de la hernie, en guise de plaque superficielle, et de laisser béante l'ouverture interne. Cette circonstance permet aux viscères de s'engager de nouveau dans cette ouverture; et, bien qu'ils ne reparaissent pas au dehors, si l'anneau externe est bien bouché, ils se créent un nouveau domicile anormal dans l'épaisseur même de la paroi abdominale, et constituent ce qu'on a appelé dans ces derniers temps des hernies interstitielles. Ajoutons qu'en supposant que l'ouverture externe s'oblitérât à la longue emplastiquement, cet obstacle, étant trop faible pour résister à l'impulsion des viscères, n'empêchera pas la hernie de reparaître, puisqu'elle n'avait été que masquée, pour ainsi dire, par la pelote. Ces raisons, basées sur l'observation exacte, rendent parfaitement compte de l'insuffisance des pelotes ordinaires, non pas seulement à guérir, mais même à contenir exactement la plupart des hernies.

Partant de ces faits, il s'agissait d'organiser des pelotes de telle sorte qu'elles pussent remplir cette double indication : 1° *aplatir, refouler, oblitérer tout le trajet aponévrotique de la hernie, surtout son ouverture abdominale, de manière à prévenir toute hernie interstitielle autant que les conditions anatomiques de la partie peuvent le permettre; 2° provoquer, à l'aide de médicaments joints à la pelote elle-même, une inflammation sourde et permanente dans les tissus comprimés, dans le double but de déterminer entre leurs mailles une sécrétion abondante de lymphe plastique, capable d'oblitérer organiquement le col du sac ou le trajet de la hernie, et de fortifier en même temps la paroi ventrale qui avait donné naissance à la tumeur.*

M. J. Lafond a voulu, comme on le voit, créer des pelotes capables d'agir à volonté, et comme *moyen mécanique*, et comme *remède dynamique* ou vital à la fois.

Pour ce qui est de la *première indication*, il n'avait qu'à se conformer à la disposition anatomique de la hernie, disposition très variable, comme on sait, non seulement aux différentes régions, mais aussi selon le volume, l'espèce et l'ancienneté de la hernie dans une même région : de là une variété considérable de pelotes dont il est obligé d'être pourvu pour répondre aux différents cas qui se présentent. Ces variétés, cependant, il est parvenu à les grouper dans un petit nombre de types que l'expérience lui a appris à reconnaître au premier coup d'œil ; de sorte que chaque hernie porte pour ainsi dire le numéro de son type, et par conséquent de la pelote qui lui convient.

Arrivons au *second point*. Pour donner à la pelote la faculté de produire des effets dynamiques ou vitaux, M J. Lafond l'a rendue creuse sans rien ôter à sa solidité et à sa forme, et a organisé dans son intérieur un réservoir capable de loger les substances médicamenteuses.

Recouverte en gomme élastique préparée, et percée de trous pour livrer passage à ces médicaments, elle est adaptée à des ressorts de force variable, suivant les circonstances : c'est sur la bonne disposition de ces pelotes, sur les médicaments qu'elles contiennent et qu'elles mettent constamment en contact avec la peau, que repose toute l'efficacité du traitement ; bien entendu que la réduction des hernies doit être parfaite et permanente.

L'action des médicaments doit être convenablement dirigée : modérée d'abord, elle ne devra provoquer que graduellement l'irritation de la peau et des tissus sous-jacents; cette irritation ne devra jamais être portée jusqu'à l'inflammation suraiguë; elle ne doit même pas empêcher les malades de marcher ou de vaquer à leurs affaires. Il est à peine nécessaire de dire que l'activité des médicaments sera subordonnée aux diverses circonstances d'âge, de sexe, d'irritabilité individuelle. Si l'irritation des tissus s'élevait jusqu'à l'inflammation intense, il faudrait suspendre momentanément le traitement pour recourir aux antiphlogistiques : un léger degré d'inflammation permanente est ce qu'il faut pour provoquer ou hâter la guérison.

Lorsqu'on songe aux effets lents de la phlogose sourde dans nos tissus, à l'épaississement, aux adhérences solides qu'elle produit à de grandes profondeurs, on comprendra sans peine qu'une pareille action qu'on produit volontairement et conjointement à la compression puisse amener la guérison radicale de la hernie. Les tissus qu'il s'agit de modifier n'ont pas une grande profondeur: chez les personnes dont l'embonpoint est peu prononcé, on trouve à peine un centimètre de distance entre le col et le derme; chez celles qui sont douées de beaucoup d'embonpoint, cette distance est plus grande, il est vrai; mais le premier effet de la pelote est de faire disparaître la graisse par absorption : les conditions, par conséquent, se trouvent à peu près les mêmes chez tous les sujets sous ce rapport.

L'espèce de subphlogose que la pelote détermine a d'abord pour siége le tissu cutané; elle marche de proche en proche sur le tissu cellulaire sous-dermique, sur les aponévroses, sur le tissu cellulaire extra-péritonéal, et enfin sur le sac lui-même. Cette propagation arrive d'autant plus sûrement, que toutes ces parties, étant comprimées et aplaties, se trouvent très rapprochées entre elles, et par conséquent plus en état de partager l'irritation cutanée. S'il ne s'agissait ici que d'une simple question théorique, on pourrait naturellement s'attendre à une foule d'objections; mais, comme l'expérience a déjà prononcé favorablement, il est inutile d'entrer dans de plus grands détails.

Pour arriver à ces résultats, le docteur J. Lafond a dû faire, on le conçoit, d'innombrables essais; il s'agissait de trouver une combinaison de substances telle qu'elle pût offrir les qualités suivantes : 1° d'être *porphyrisable;* 2° d'être *déliquescente en contact avec la peau;* 3° d'être *très pénétrante à travers les mailles fines des tissus;* 4° enfin de *provoquer le travail plastique dont nous avons parlé sans nuire à la constitution.*

Après une foule d'expériences, il a cru devoir s'arrêter à un mélange dont la base est *l'iodure de potassium :* on se tromperait si on voulait employer cette préparation sans aucun mélange; il a établi à ce sujet différentes combinaisons qu'il varie selon les conditions de la hernie, l'âge de l'individu et le degré de vulnérabilité de la peau. Il en est de cela comme du degré d'énergie des injections vineuses qu'on pratique pour la guérison de l'hydrocèle. Dans ces derniers temps on a employé de l'iode pour provoquer l'oblitération de la poche de l'hydrocèle. C'est aussi en vertu de la même propriété qu'agit probablement l'iodure de potassium dans la guérison de la hernie.

Les observations nombreuses qu'il a recueillies lui donnent le droit de tirer les conclusions suivantes, qui sont aujourd'hui des propositions incontestables.

1° *Le traitement radical des hernies par les bandages à pelotes médicamenteuses est un fait certain.*

2° *Il est également efficace dans les hernies inguinales, crurales et ombilicales.*

3° *On ne peut pas assigner de limites à la durée de la guérison obtenue par ce traitement.*

177. — BONTEMPS (G.), gérant de la *verrerie de Choisy le-Roi*, sous la raison sociale Bontemps, Lemoine et compagnie.

Expose divers morceaux de grandeur très remarquable de *flintglass* et *crownglass*, et continue à fabriquer les cristaux, verres à vitres, cylindres, vitraux pour églises, et vitraux d'ornement pour les intérieurs.

178. — PASSERIEUX, fabricant breveté de *cordons conducteur de la voix*, à Paris, rue des Vinaigriers, 25.

Expose différents systèmes de porte-voix soit à sonnette, soit à sifflet pour avertissement, au moyen desquels on peut communiquer réciproquement sa pensée ou son commandement à une très grande distance sans sortir de sa chambre, ni même de son lit si on le désire, et de plus sans déranger personne. Ses cordons conducteurs ont été mentionnés honorablement à l'exposition nationale de 1839.

179. — PLUNIER (Alph.), artiste faisant des *portraits au daguerréotype avec les couleurs naturelles*, boulevart Bonne-Nouvelle, 9, en face le Bazar et la rue Mazagran.

M. Plunier donne des leçons et fait les portraits en ville; de plus, il vend des appareils pour faire les portraits, et pour reproduire des tableaux, des gravures, et des groupes ou modèles pour les peintres et les sculpteurs.

180. — GOEBEL (Ch.), breveté, fabricant de nécessaires, à Paris, rue Michel-le-Comte, 30.

Fabrique des nécessaires, des toilettes pour dames et pour hommes, des caves à liqueur; des boîtes à ouvrage, à gants, à thé, à cigares, à pupitre, à cachemires; des corbeilles de mariage, des tables à ouvrage; nouveautés et objets de fantaisie dans le plus nouveau goût. Il expose surtout une nouvelle cave à liqueurs, offrant au public un avantage désiré depuis long-temps. Cette nouvelle cave à liqueur ne forme qu'un seul plateau réduit à un tiers de celle faite jusqu'à ce jour, et peut contenir le nombre de verres que l'on désire.

Cette année, il a de nouveau perfectionné ces nouvelles caves à liqueurs: car, ayant remarqué que l'usage les faisait placer le plus habituellement dans les salons, et que leur volume causait souvent des difficultés pour les placer convenablement, il a cru devoir faire disparaître cette difficulté en adoptant les nouvelles caves à liqueurs exposées et placées sur un très joli pied, ce qui permet de placer ce meuble dans un endroit quelconque et d'en faire un magnifique meuble de salon; et de plus il a posé les cristaux sur un porte-liqueur pour faciliter l'usage de ce meuble dans toutes les occasions. Par suite de ce perfectionnement, ce petit meuble devient l'ornement indispensable des salons, et est également employé pour verre d'eau, ainsi que pour tous les objets de ce genre.

181. — CAZAL, fabricant de *parapluies* et *om-*

***brelles*, breveté, fournisseur de S. M. la Reine, à Paris, boulevart des Italiens, 23.**

Les parapluies et ombrelles Cazal, dont les prix varient de 10 fr. et au dessus, sont les seuls dont la supériorité a été reconnue par le jury de l'exposition de 1839, qui a décerné une médaille d'honneur à leur inventeur.

Ce mécanisme a l'avantage d'éviter toute espèce d'entaille dans la canne du parapluie; ce qui les rend à la fois plus solides et plus légers, sans que le prix en soit augmenté.

M. Cazal est aussi l'inventeur des parapluies de voyage, dont la canne se démonte à volonté; ce qui permet de s'en servir séparément.

La simplicité du mécanisme, n'exigeant aucune réparation, permet à l'inventeur d'en donner toute garantie.

Pour prévenir toute contrefaçon, chaque parapluie portera le nom de l'inventeur.

Il tient également les cannes, fouets et cravaches de goût.

182. — DUNAND, pharmacien à Paris, rue du Marché-Saint-Honoré, 5.

Fabrique et expose les divers objets qui suivent :

1° Des griffes et encre pour marquer le linge;

2° Papier adoucissant pour guérir les cors, ognons et durillons, à 1 fr. la boîte;

3° De l'eau balsamique orientale pour les soins de la bouche, avec des trochisques qui ont la propriété de calmer instantanément le plus violent mal de dents : il suffit de bien nettoyer la partie malade avant d'y introduire un trochisque.

183. — BATAILLE, fabricant de *meubles en fer plein*, breveté pour de *nouveaux sommiers élastiques*, à Paris, rue de la Pépinière, 74.

L'emploi si étendu des lits en fer a donné l'idée à M. Bataille de confectionner pour cette sorte de lits de nouveaux sommiers élastiques pour lesquels il vient de prendre un brevet d'invention.

Dans la construction de ces sommiers il a remplacé la caisse en bois des sommiers ordinaires par un châssis en fer isolé du fond et soutenu par des supports solidement fixés sur le fond ; et comme celui-ci, par sa combinaison, est en même temps élastique et résistant, il en résulte que les SOMMIERS BATAILLE possèdent une élasticité et une durée qu'on ne trouve pas dans les sommiers montés sur un fond, ou en treillis de fer, ou en planches de bois.

Cette armature des sommiers permet encore de remettre aisément une attache sans rien démonter, tandis que dans le système ordinaire il faut, en pareil cas, démonter la caisse en bois.

Enfin l'isolement du châssis supérieur, qui reste à une certaine distance du fond du sommier, permet à l'air de librement circuler autour de l'armature, avantage très grand pour la salubrité, puisqu'ils ne pourront pas être, comme beaucoup d'autres, dans une chambre de malade ou dans les hôpitaux, un véritable réservoir d'émanations nuisibles. Cette substitution d'une armature en fer aux châssis en bois remplit donc une lacune qui ne fera plus tort à l'emploi justement si généralisé des lits en fer.

184. — DIEUDONNÉ, ferblantier breveté, à Paris, rue de Bondy, 2.

Expose et fabrique un nouveau système de *siéges inodores portatifs*, joignant à de belles formes tous les avantages que l'on peut désirer.

De plus, M. Dieudonné continue à confectionner les *transformations mécaniques*, les casques, et tous les *accessoires de théâtres.*

185. — MARTRES, fabricant breveté de *cafetières en cristal*, à Paris, rue Folie-Méricourt, 23.

Fabrique des théières et des *cafetières en cristal avec robinet*, pour lesquelles il a été accordé plusieurs brevets d'invention et de perfectionement sous le titre de CAFÉ-THÉIÈRE aux trois moteurs perfectionnée, seule inexplosible.

Cet appareil, dont le ballon de verre ne peut être cassé par l'action de la flamme, qui doit y faire bouillir l'eau d'infusion, est véritablement supérieur à toutes les cafetières de verre pour l'économie et la commodité, ainsi que par son élégance et par les phénomènes qu'il laisse voir. Il remplit en outre toutes les conditions voulues pour extraire l'arome et toute la saveur du thé et du café.

186. — LECUYER, fabrique les *lampes oléostatiques, inventées par M. Thilorier, breveté,* présentement rue Montmartre, 63, en face le passage du Saumon, à Paris, ci-devant Palais-Royal, 93.

Ces lampes, pour lesquelles une mention honorable a été obtenue à l'exposition de 1839, ont reçu de M. Lécuyer (depuis qu'elles sont devenues sa propriété) un perfectionnement qui lui a valu une médaille de bronze décernée par l'Académie de l'industrie.

Depuis, une nouvelle disposition, qui donne à leur fonction une régularité à toute épreuve, a porté ces lampes au dernier degré de perfection qu'elles puissent atteindre.

L'Académie, après un nouvel examen, et sur le rapport de M. Sainte-Fare-Bontemps, a accordé à M. Lécuyer une médaille d'argent, témoignage de sa satisfaction et de l'approbation qu'il donne à ce mode d'éclairage.

Ces lampes, qui ne contiennent que de l'huile, n'ont aucun mécanisme intérieur, avantage qui permet de les transporter au loin sans crainte de dérangement. Ce système est inaltérable et garanti; elles rivalisent, pour l'éclat de la lumière, avec les meilleures lampes connues, et sont d'un prix moins élevé.

Pour salon, billard, et généralement tout ce qui a rapport à l'éclairage, il continue à faire la commission, et à tenir sa fabrique rue du Cadran, 35.

187. — SCHOEN, facteur de pianos, à Paris, rue Basse-du-Rempart, 46.

Les pianos droits que M. Schoen a exposés en 1839 ont été cités au premier rang et lui ont valu l'honorable encouragement d'une médaille, et une réputation méritée par la rondeur, l'égalité et la force des sons.

Il expose aujourd'hui un piano à queue à sept octaves complètes (du *la* au *la*), et un piano droit. Ces instruments réunissent toutes les qualités des premiers, et de nouveaux perfectionnements apportés à leur confection ne laissent rien à désirer sous le double rapport de la bonté et du fini joints à l'élégance de l'extérieur.

188. — VILLOT-SMALL, fabricant de *vannerie*, à Paris, rue Croix-des-Petits-Champs, 23.

L'art du vannier, depuis quelque temps, a fait un immense progrès : aussi M. Villot-Small ne s'en tient plus à la confection de ces grossiers paniers dont les travaux journaliers des fermes ou des basses-cours et cuisines peuvent avoir besoin, mais il se livre à la fabrication d'objets de fantaisie d'un goût souvent des plus gracieux. Les articles à jour sont même tellement jolis et réguliers, qu'ils remplacent avec le plus grand succès auprès des dames le canevas en fil, et maintenant elles brodent ou couvrent chaque jour d'ornements une foule de ces articles. Aussi M. Villot-Small s'applique-t-il à n'avoir dans ses magasins que des objets en vannerie fine les plus nouveaux et du meilleur goût : ainsi l'on y remarque dans ce moment les *vases Mazagran*, les *paniers Pompadour*, des *corbeilles suisses et napolitaines*, des *corbeilles* et *paniers bergères des Alpes*, des *vases à fleurs* de toutes les formes, et une multitude d'autres objets pour cadeaux ou pour usages journaliers, tous parfaitement gracieux, très bien travaillés, d'un prix modéré, et ne laissant rien à désirer sous le rapport de la solidité.

189. — SAVARY, fabricant de *stores transparents*, à Paris, rue du Roule, 1 et 5.

Il expose des stores transparents, peints et imprimés dans ses ateliers, ayant le double avantage de *ne pas s'écailler au frottement* et de pouvoir se nettoyer, ce qui tient à l'apprêt particulier dont il fait usage, et les rend d'un service beaucoup plus commode dans toutes les habitations.

Expose divers sujets de sainteté ainsi que des paysages et arabesques.

190. — DUTZSCHOLD, *découpeur ébéniste*, à Paris, rue Saint-Nicolas, 24, faubourg Saint-Antoine.

L'art du découpeur est aussi utile à l'ébéniste que celui du menuisier, et cet art, quand les incrustations sont à la mode, est des plus recherchés. Il existe à Paris des artistes dans ce genre qui sont des plus distingués, et dans ce nombre on doit remarquer M. Dutzschold, qui fabrique spécialement les filets de couleurs, les mosaïques ou incrustations pour meubles et billards, ainsi que tous les meubles de fantaisie du goût le plus nouveau.

Pour exemple de son travail, il expose une petite table avec riches incrustations en cuivre, nacre, écaille et ivoire, de forme ancienne, et de plus il expose divers cadres renfermant des modèles d'incrustations.

191. — EVANS, *naturaliste*, à Paris, quai Voltaire, 15.

Ce naturaliste monte et compose des groupes d'oiseaux en tous genres. Il démontre l'art d'empailler d'après une méthode sûre et facile.

On trouve dans son cabinet tout ce qui est relatif à cet art.

Mme Evans donne aussi des leçons de taxidermie aux dames.

192. — VILCOQ *frères*, fabricants de *stucs, vases, cheminées, statues*, etc., en *ciment anglais*, breveté, à Paris, rue Basse-du-Rempart, 10.

L'établissement tout spécial formé par MM. Vilcoq frères pour l'emploi du *ciment anglais* embrasse toutes les imitations et applications du marbre même, et nous ne saurions donner une idée plus exacte de cette matière et des riches résultats que MM. Vilcoq ont su obtenir qu'en citant le texte même du rapport fait le 30 juin 1841 par M. A. Chevalier, au nom du comité des arts chimiques. Il concluait :

1° Que le *ciment anglais* peut servir à faire des *enduits* d'une grande dureté, et qui résistent parfaitement à l'action de l'air et de l'eau dans les constructions exposées aux alternatives de sécheresse et d'humidité ;

2° Qu'on peut l'employer pour faire des *stucs* d'une très grande beauté, et qui sont plus durs, plus homogènes, plus faciles à polir que les stucs préparés avec le plâtre ordinaire ;

3° Qu'il se prête parfaitement au moulage des objets d'art, *statues*, *bustes*, *bas-reliefs*, etc., etc.; qu'il fournit des produits qui résistent mieux que le plâtre moulé et qui ont l'aspect du marbre ;

4° Qu'enfin, mélangé avec des proportions diverses de sable, puis gâché, il fournit une composition particulière propre aux *dallages*, qui se durcit et prend une grande solidité.

193. — BACQUEVILLE, *orthopédiste* breveté, rue Neuve-des-Petits-Champs, 69, au premier.

Fournisseur de LL. AA. RR. les princesses madame Adélaïde d'Orléans, madame la duchesse de Nemours, confectionne les *corsets mécaniques*, de toilette, de matin, et pour dames enceintes, ceintures abdominales, etc.; inventeur du corset adénocompressif pour aider à la dissolution des glandes dans le sein, d'après le système du docteur Marjolin.

Il est dépositaire des *corsets sans couture Werly*, et des *jupes à tournure, de Mme Ve J. Delannoy.*

194. — LEPAUL, serrurier-mécanicien, fournisseur de LL. MM le Roi, la Reine, la Famille Royale, et de l'Armée, à Paris, rue de la Paix, 2.

Expose : Une grande caisse coffre-fort doublée de fer, de 1m.80 de hauteur, 90 cent. de largeur, et 50 cent. de profondeur, avec une serrure à double pompe, et une combinaison sans point d'appui, garni de clous trempés de son invention ;

Plusieurs serrures ciselées et dorées, perfectionnées et à pompe;

Des serrures à double pompe de son invention, du prix de 25 francs, au lieu de 80 ;

Des verroux de 16, 17, 18 et 20 fr., au lieu de 40 à 50 ;

Deux cache-entrées à engrenages et à serrures à pompe de sûreté pour le voyage, de son invention;

Deux cache-entrées montés avec vis à pêne et à pompe ;

Deux cache-entrées à engrenage simple;

Deux cache-entrées simples;

Deux verrous à sonnettes pour le voyage ;

Six combinaisons nouvelles perfectionnées et sans point d'appui.

Quatre fers à cheval faits à la mécanique et fabriqués par un nouveau système de levier ;

Plusieurs articles de ménage en fer poli, de sa fabrique de Plombières.

195. — FIALEX, peintre en *vitraux*, au Mans (Sarthe).

Elève de la manufacture royale de Sèvres, M. Fialex obtient les plus grands succès en se livrant particulièrement, comme les anciens verriers, à la fabrication et à la réparation sur les localités mêmes des vitraux des églises anciennes.

196. — MICHAUD-MARMILLON, à Saint-Claude (Jura).

TABLETTERIE FINE EN TOUT GENRE.

M. Michaud-Marmillon est aujourd'hui un des ouvriers les plus habiles de la fabrique de Saint-Claude, dont la renommée est européenne. Son ouvrage se distingue par l'élégance, le fini, la solidité et la bonne confection de la charnière; mais surtout par un nouveau procédé dont il est l'inventeur, pour le renforcement des angles très fragiles dans les tabatières dites *tampons* et *écossaises*.

Ce fabricant est élève de lui-même : la première tabatière qu'il a faite a été vendue 150 fr.

Il expose 34 tabatières établies d'après son excellent système, et offrant une grande variété de prix, depuis 1 fr. 50 c. jusqu'à 140 fr.

Ces tabatières se recommandent par trois qualités essentielles: la solidité, le choix de la matière première, et l'élégance.

197. — HEILIGENTHAL, fabricant d'ornements en *mastic-pierre*, à Strasbourg, et à Paris, chez M. Roussel, rue Michel-le-Comte, 18.

Le bon goût, la hauteur des reliefs et la solidité des *ornements en mastic-pierre* exposés, prouvent que cette fabrique de province peut entrer en concurrence avec les maisons de Paris qui confectionnent le mieux ce genre de produits.

198. — SOREL (M.), ingénieur civil, rue de Lancry, 6.

Inventeur de divers appareils économiques dont les plus remarquables sont :

1° De nouveaux *appareils culinaires portatifs* avec lesquels on prépare sans aucun soin ni surveillance un dîner complet pour *huit personnes*, composé de *quatre plats* (pot-au-feu, rôti, et deux autres plats), et en ne dépensant que pour *six centimes* de charbon ;

2° De nouveaux *appareils de chauffage fumivores*, salubres et économiques, dans lesquels la combustion a lieu à *foyer découvert*, ce qui procure la jouissance de la vue du feu ;

3° De nouveaux *fours portatifs* pour la pâtisserie et la cuisson des viandes ;

4° Le *siphon thermostatique* pour le chauffage des bains à domicile : cet appareil ne laisse rien à désirer ;

5° Des *régulateurs du feu* pour les expériences délicates de chimie et de physique, et pour les serres et étuves ;

6° De nouveaux *appareils de sûreté* pour prévenir les explosions des chaudières à vapeur.

199. — HANDUS, chapelier, précédemment rue Neuve-des-Petits-Champs, et maintenant rue de Richelieu, 15, au premier, en face le péristyle du Théâtre-Français, maison de Lepage.

Continue à confectionner des chapeaux de soie qui se conservent contre les effets de la transpiration le double de temps que les autres chapeaux préparés par l'ancien système; et cette année, il fabrique et vend au prix de 20 fr. des chapeaux mécaniques aussi élégants et plus solides que ceux qu'on vend 25 et 30 fr. dans les autres magasins.

200. — DIDIER, médecin-dentiste breveté du roi, à Paris, place du Palais-Royal, 225.

Il expose un tableau renfermant des dentiers complets et des pièces partielles faites avec de nouvelles dents minérales par lui perfectionnées, ainsi que plusieurs modèles d'un nouveau porte-empreinte.

201. — MINICH, ingénieur et fabricant breveté de calorifères, à Paris, rue de la Roquette, 53.

Fabrique de nouveaux calorifères pyrométriques à feu visible du prix de 25 fr., et ne consommant par jour que pour 15 cent. de combustible. Il tient en outre un grand assortiment de fourneaux pour cuisine, ainsi que de cheminées en tous genres.

202. — DÉSORMES, fabricant breveté de *ruches nouvelles*, auteur d'un *Traité sur les abeilles*, à Paris, rue du Roi-de-Sicile, 43, près la rue Saint-Antoine.

Expose une RUCHE D'OBSERVATION d'un nouveau genre, une RUCHE PERPÉTUELLE inventée en 1835, et ayant eu l'approbation de l'Académie de l'industrie en 1837. C'est particulièrement en faveur de cette invention que cette société lui a décerné une médaille en argent ; enfin, cette année encore, il expose des ruches d'un nouveau modèle, qui ont obtenu l'assentiment des éleveurs d'abeilles, et celui entre autres de M. le duc de Montmorency, pair de France, président de l'Académie de l'industrie.

203. — SOHN (Jules), statuaire, breveté du roi, à Paris, rue de la Madeleine, 2.

Fabrique et expose divers objets d'art et de sculpture, en composition plastique durcie et obtenue par des procédés particuliers dont il est l'inventeur. Au nombre des objets exposés on remarque :

Un Christ sur la croix, encadré ;
Quatre petites statuettes avec leurs encadrements sculptés;
Un échantillon de différents objets ;
Une statuette, l'empereur Maximilien Ier, sur une console renaissance.

204. — BENOIST, ***chirurgien-dentiste,*** **à Paris, rue du Dragon, 37, place de la Croix-Rouge.**

Expose un cadre contenant une collection de différentes pièces de dents artificielles servant à la prothèse dentaire, une collection de modèles en plâtre de bouches déviées, les appareils qui ont servi au redressement des dents et plusieurs modèles d'obturateurs.

205. — JURISCH, fabricant de ***semelles mobiles*** **et** ***imperméables,*** **à Paris, rue du Rocher, 8.**

Les semelles mobiles exposées augmentent la durée des chaussures sans détériorer l'empeigne, sont plus économiques que les ressemelages, et garantissent les pieds contre l'humidité.

206. — CHASTELLUX (M. le comte de), vice-président de l'Académie de l'industrie, à Paris, rue de Varennes.

Expose des étoffes teintes avec l'indigo du *Polygonum tinctorium*, comparées aux étoffes teintes avec l'indigo des colonies à volume et à poids égaux.

207. — NOLLET (M.), ingénieur forestier, à Nanci.

Expose un dendromètre, instrument simple peu dispendieux, au moyen duquel on peut, avec la plus grande facilité et la plus grande promptitude, cuber tous les arbres d'une coupe sur pied, et se rendre compte de la quantité de solives que l'on doit en attendre.

L'Académie de l'industrie a donné son approbation à l'instrument de M. Nollet, et a renvoyé son nom à la commission des récompenses.

208. — DEBAIS, plombier zingueur breveté, fabricant de ***cuvettes à soufflets,*** **rue de la Boule-Rouge, 9.**

Fabrique et expose des *cuvettes à soufflets* ou *plombs inodores* pour les eaux ménagères, *système Debais*, se plaçant dans l'épaisseur des murs. Elles sont entièrement en fonte et en fer, et sont spécialement destinées au service des eaux ménagères; elles ont le double avantage de posséder à leur centre un panier mobile ou immobile au moyen d'une vis de pression, avec double grille, ainsi qu'une fermeture invisible, pour empêcher de jeter les eaux dans la cuvette à l'approche des gelées.

209. — MARION, fabricant de *papeterie de luxe*, à Paris, cité Bergère, 14.

Par suite d'un nouveau système de façonnage, M. Marion donne cette année aux papiers à lettre un type tout particulier de grâce et d'élégance, sans en augmenter le prix.

Ses papiers, déjà très connus par les consommateurs pour leurs qualités supérieures, viennent donc par cette raison d'acquérir encore de nouveaux droits à la faveur dont ils jouissent depuis long-temps.

Cette faveur toute spéciale du public est telle qu'il a été obligé de monter une machine à vapeur dans sa fabrique, ce qui lui permet de confectionner en plus grand nombre, de pouvoir répondre à toutes les demandes et de vendre comparativement à un prix beaucoup moins élevé que toutes les autres maisons.

M. Marion a de plus imaginé depuis quelque temps de fabriquer par le même procédé des enveloppes façonnées tellement appropriées à chaque papier, qu'elles représentent le dessin de chacun des modèles qu'on veut employer ; c'est une idée heureuse d'avoir imaginé ces nouvelles enveloppes, car il en a fait un type gracieux qui fixera sans aucun doute l'attention.

Il continue aussi à fabriquer ses enveloppes avec encadrement gaufré et découpées d'après un grand nombre de dessins.

210. — KLEIN, ébéniste, breveté d'invention pour ses *lits à rallonges*, à Paris, rue du Faubourg-Saint-Antoine, 110, et rue Traversière-Saint-Antoine, 70.

Expose chaque année quelques objets puisés dans ses magasins. Les récompenses qu'il a reçues de l'Académie attestent mieux que toutes les protestations la supériorité des meubles de sa fabrique, à laquelle sont joints d'immenses magasins qui offrent l'assortiment le plus choisi de toute espèce de meubles de fantaisie qui flattent le bon goût, ainsi que ce qui compose l'ameublement, et un grand assortiment de siéges de toute espèce.

L'on y remarque aussi quelques objets curieux, tels que la table de $4^{m}.50$ de long sur $2^{m}.50$ de large d'une seule pièce, en acajou massif (dite l'acajou sans pareil), les lits à rallonges qui se raccourcissent par un mécanisme simple et facile, et l'ingénieux marchepied indispensable dont il est l'inventeur. Tous ces meubles nouveaux, qui ont tour à tour été admis aux expositions qui se succèdent chaque année, lui ont valu la confiance d'une nombreuse clientèle qui s'accroît journellement, dont il s'efforce de satisfaire les désirs avec exactitude.

211. — ANIEL, fabricant breveté de *parquets sans lambourdes* et de *rampes*, à Paris, rue du Faubourg-Saint-Denis, 84.

Il expose des échantillons des parquets de son invention, offrant l'avantage de n'avoir pas besoin de lambourdes et de préserver les rez-de-chaussée de toute humidité, de n'éprouver par aucun temps la moindre détérioration. Ces parquets, qui furent admis à l'exposition de 1839, et qui présentent en même temps que la plus grande solidité une économie d'un sixième, lui ont mérité une mention honorable. Cette année, M. Aniel, qui fabrique également les rampes de tous genres, voulant arriver à baisser encore ses prix, a imaginé de confectionner des parquets en bois de sapin, qui ne cèdent presque en rien à ceux en bois de chêne.

Il vient en outre d'imaginer un nouveau système de dallage mosaïque en bois debout indigènes et autres de divers tons, avec emploi du grès et du granit, de la fonte et du fer à volonté, pour extérieur et intérieur.

212. — SIMON et GIROUX, fabricant de lunettes, cannes à lorgnons, et de lorgnettes jumelles plates à ressorts, etc., à Paris, rue de Montmorency, 37.

Ils exposent un assortiment de lunettes, lorgnons, faces à main, etc., de cannes et lorgnons, cravaches à lorgnon, à lorgnette, à longue-vue, à pince-cigares, à nécessaires, à encrier, à secrets, etc.; ils exposent également 3 genres de jumelles de théâtre de leur invention, occupant quatre fois moins de place que celles dont on se sert habituellement.

213. — BRIE (Joseph aîné), seul breveté pour sa coupe mécanique des *gants* et son pouce artistique, fabrique rue Jean-Jacques-Rousseau, 12, vis-à-vis la boîte aux lettres.

Le seul vraiment qui applique l'usage des mécaniques et emporte-pièces à la coupe des gants, qui, par sa régularité et l'ordre des numéros imprimés dans chaque grandeur de modèle, met à même de faire les gants de commande par correspondance; il donne un tarif ainsi qu'une mesure combinée avec les numéros répondant à ceux imprimés dans chaque paire, ce qui est très simple, et offre un grand avantage aux détaillants et consommateurs.

214. — PARIS, fabricant d'articles en perles, bijouterie en faux, rue du Temple, 12.

Commerce en gros pour l'exportation.

Coliers, parures, bracelets, boucles d'oreille, bagues, chaînes, bayadères, cordelières, bouquets, broderies. broches, boutons, épingles, médaillons, peignes. glands, sacs, bourses, étuis à cigarattes, coulants de serviettes, etc., etc.

215. — BOBOEUF-CASAUBON, breveté, rue Saint-Fiacre, 20.

SPÉCIALITÉ. — Etoffes souples, transparentes (dites Etoffes à Magnolia), imitant parfaitement la nature. — Etoffes veloutées, également souples, légères et transparentes, avec reflet blanc, propres à imiter toutes les feuilles veloutées naturelles, pouvant remplacer avantageusement le velours, qu'elles surpassent en légèreté et en naturel.

Ces étoffes sont vendues soit en mètre, soit en feuilles découpées (Voir les échantillons dans les tableaux, n°). Prix doux et commercial. Les personnes qui désireraient avoir de feuilles à elle propres n'ont qu'à envoyer les emporte-pièces des feuillages qu'elles désirent. — Promptitude et sécurité.

216. — NOEL père, gérant de la Société des couvertures en oropholithe, perfectionnées d'après l'invention de M. Chrétien, rue de Buffault, 19.

Cette couverture nouvelle, nommée oropholithe, remplaçant le plomb, le zinc, la tuile, l'ardoise , propre à la couverture des terrasses, chaineaux, revêtissement des parois intérieures des murs contre le salpêtre, hydrofuge et imperméable, à l'abri de la température, se fabrique et s'emploie à froid. On fait des tapis en mosaïque. imitation des dallages de tous genres. Le prix est inférieur au zinc n° 14. On applique la feuille de 2m.25 sur 1m.12. On fait des enduits sur des aires de plâtre ou de chaux et sable, etc.

217. — TARIN, gantier, rue Saint-Honoré, 335 *bis*, près la rue d'Alger, à Paris.

Inventeur breveté du *Fermoir-rivé* pour les gants, et remplaçant avec un immense avantage les boutons et boutonnières employés jusqu'à ce jour.

Ces fermoirs sont très faciles à boutonner et à déboutonner; ils ne peuvent ni s'user, ni se détacher des gants.

Fourniture et pose pour 12 paires de gants, 1 fr. 20 c.

218 — JOURNEUX jeune, fondeur, fabricant de bronzes et de ventilateurs, rue de la Roquette, 18.

Ce fabricant depuis quelque temps a réuni la fabrication de ventilateurs à son établissement; il est arrivé à un point de perfection tel, qu'un enfant de 12 ans suffit pour faire marcher quatre fourneaux de fondeur en cuivre. Pour la fonte de fer au Vilkinson, deux hommes sont plus que suffisants pour fondre 15 cents à l'heure; pour forge à l'aide d'un petit volant et d'une pédale, la force nécessaire peut se comparer à celle du rouet à filer.

219. — JACQUAND père et fils, de Lyon, fabricants de *cirage*, à Lyon, rue de la Reine, 43. Entrepôt général à Paris, boulevart des Capucines, 23, à l'entresol.

MM. Jacquand père et fils, brevetés d'invention et de perfectionnement pour leur *cirage oncteux* et leur *cirage-vernis*, et pour celui qu'ils nomment *conservateur de la chaussure et des harnais*, ont été honorés, à l'exposition nationale de 1839, d'une médaille de bronze, la seule accordée à cette industrie.

Ces messieurs, indépendamment de la grande quantité de cirage qu'ils livrent au commerce et à l'exportation, fournissent en outre la majeure partie des régiments de notre armée; ils le doivent à la beauté de leur cirage, à sa qualité conservatrice du cuir, et au bon marché, dû à l'emploi d'une machine à vapeur.

Ils vendent leur cirage onctueux dans des boîtes carrées en sapin, recouvertes d'une feuille d'étain et de leur étiquette. Il est en pâte, préparé avec des matières onctueuses, qui donnent à la chaussure une souplesse vraiment extraordinaire et en augmentent la durée. L'économie de son emploi est remarquable par la petite quantité nécessaire pour obtenir promptement un magnifique brillant. Dix centimes de cirage par mois suffisent pour cirer une paire de souliers deux fois par jour.

La dépense, dans les régiments où il est en usage, ne s'élève pas au dessus de huit centimes par mois pour chaque homme.

220. — LECROSNIER, fabricant breveté de *compas*, à Paris, rue du Temple, 69.

Les compas du nouveau système à aiguilles, inventés par M.

Lecrosnier, sont plus justes, plus commodes, et d'un prix beaucoup moins élevé que ceux dont les branches sont entées en acier jusqu'au tiers de leur longueur.

221. — FOURNET, fabricant de *calorifères*, quartier Saint-Paul, 1, à Lyon; et à Paris, chez M. *Lecrosnier*, rue du Temple, 69.

Expose et fabrique depuis 1840 un appareil qu'il nomme *Calorifère thermostat*, très convenable pour brûler sans fumée le coke et l'anthracite, et se vendant à très bas prix.

222. — LODDÉ, fabricant breveté de *plumeaux économiques, à tiges en baleine perfectionnées*, à Paris, rue Neuve-Saint-Merry, 15.

Cette innovation consiste dans la fabrication de plumeaux au moyen de plumes montées sur des tiges en baleine, et ce nouveau procédé donne la facilité d'obtenir toutes les dimensions nécessaires, ce qui fut impossible jusque alors, par la raison que la plume donne en nature beaucoup de petites longueurs, et nécessite à la vente des prix plus élevés dans les sortes moyennes, qui sont toujours très rares. Par ce nouveau moyen, il a l'avantage d'offrir au commerce non seulement toutes les longueurs désirables, mais aussi une baisse de prix de 25 p. 100.

On trouve dans cette maison un assortiment de plumeaux en tous genres, et l'on y fait la vente en gros.

223. — HUTIN, fabricant de *brunissoirs* et de *médailles d'expositions*, à Paris, boulevart Beaumarchais, 4.

Ce fabricant, ayant reçu d'honorables récompenses de la Société d'Encouragement, se recommande par la perfection qu'il a su apporter à la fabrication des Brunissoirs.

224. — DUBUS, fabricant d'*orgues expressifs*, à Paris, rue Basse-du-Rempart, 34.

Il est inutile de parler aujourd'hui du mérite de l'*Orgue Expressif;* c'est un instrument dont l'artiste, d'une force même fort ordinaire, peut tirer le plus grand parti.

225. — POULET, fabricant de *plomb filé* et d'*étiquettes en plomb*, à Paris, rue Fontaine-au-Roi, 16, faubourg du Temple.

Fabrique tout spécialement et expose divers échantillons de

plomb filé pour remplacer le jonc, l'osier et le fil de fer, dans le palissage des plantes et des arbres ; il fait aussi des étiquettes en plomb et en zinc.

226. — PICOT, *teinturier-dégraisseur*, à Paris, rue Saint-Martin, 291, près la porte Saint-Martin.

Se livre tout particulièrement au nettoyage, par un procédé de son invention, des soieries antiques ou nouvelles pour ameublement, ornements d'église, et pour la toilette, unies ou brochées, ou brodées or et argent, et il applique le même procédé au nettoyage des châles cachemires et à toutes les autres étoffes de laine.

227. — METFREDERQUE, vernisseur, à Paris, rue de la Pépinière, 23.

Se livre tout particulièrement à l'art de vernir les objets en fer brut et en fonte, et de leur donner le même aspect que lorsque ces objets ont été ou polis ou réparés. Il expose plusieurs espagnolettes.

228. — GALOPIN (Hector), marchand de comestibles, rue de la Corderie, 8, et rue Neuve-des Petits-Champs, 77.

Maison spéciale pour la fabrication des conserves de truffes ; magasin de produits du Midi, dépôt de vins fins de France et de l'étranger.

229. — PIGEAULT, fabricant de *cirage*, rue des Vieux-Augustins, 52, à Paris.

Fabrique : 1° du cirage pour chaussures; 2° du cirage sans acide pour harnais; 3° du cirage-vernis également sans acide.

Ce cirage est fabriqué à l'huile et à l'esprit-de-vin, et convient parfaitement aux chaussures : car, tout en leur donnant un brillant incomparable, il ne les altère jamais, et se prête à merveille à leur conservation.

230. — FERRY, fabricant breveté des *tableaux diaphanes*, rue de Beaune, 31, à Paris.

Expose des carreaux diaphanes de portes ou de fenêtres qui présentent, par la combinaison du relief et du coloris, les effets les plus variés de lumière et de perspective pour la décoration intérieure des croisées, ainsi que pour garnitures de lampes, garde-vues ou écrans. Leurs prix sont modérés et se trouvent à la portée de toutes les fortunes.

231. — MONTAGNAC, fabricant de toiles métalliques, à Paris, boulevart des Batignolles-Monceaux, 22 (*extra muros*).

Expose des toiles et gazes métalliques à la pièce et sans fin, remarquables par la finesse et la régularité de leurs mailles; aussi soutiennent-elles avec le plus grand succès la concurrence contre celles qui sont fabriquées en Angleterre.

232. — TRESEL, ingénieur-mécanicien, fabricant breveté de *machines à vapeur*, ainsi que de *mètres* et de *compas d'épaisseur à coulisse*, à Saint-Quentin (Aisne). Dépôt à Paris, chez M. Lecrosnier, rue du Temple, 69.

Fabrique et expose des *demi-mètres à coulisses* et des *compas d'épaisseur à coulisses*, dont tous les dessinateurs et fabricants de machines comprendront l'utilité.

On peut remarquer aussi les avantages que doit présenter le système de machines à vapeur que fabrique M. Tresel, et dont les plans et dessins ont pu seuls cette année être exposés.

233. — JACONY-RIGAL et Ce, fabricants brevetés de *pompes* et de *machines hydrauliques*, à Paris, rue Fontaine-au-Roi, 54.

Viennent d'agrandir, sous les auspices des corps savants, leurs ateliers, où ils fabriquent journellement des *pompes domestiques* et *rurales*, des pompes *châtelaines* ou de luxe, et pouvant servir non seulement à l'alimentation de jets d'eau, mais à éteindre les incendies. Leur nouvel outillage vient de leur permettre de les tarifer à des prix très modérés.

234. — COTELLE, rue du Pot-de-Fer-Saint-Sulpice, 14.

Par brevet d'invention et de perfectionnement.

Plastique-bois reproduisant la sculpture avec toute la pureté du modèle, ayant la solidité du bois, résistant à toutes les températures, même à la plus grande humidité, pouvant se brunir sans préparation de blanc.

MM. Cotelle et compagnie fabriquent tous les ornements (bas-reliefs et ronde-bosse) concernant les églises, tels que les bas-reliefs du Chemin de la Croix, Christ, Vierge, Saints de toutes grandeurs; bénitiers, gloires, tabernacles, socles, culs-de-lampes, candélabres, chandeliers, confessionnaux, etc., etc.

Cadres de toutes dimensions, d'une seule pièce; pendules, socles, candélabres, coupes, baguettes de tenture, baldaquins, toilettes, coffrets, consoles, armes de France, lettres pour enseigne, meubles, etc., etc.

235. — GODIN-LEMAIRE, fondeur, fabricant breveté de *poéles-cuisines*, à Esquéhéries (Aisne).

Fabrique et expose des *poéles-cuisines* qui ont l'avantage de pouvoir servir en même temps au chauffage des appartements et à faire la cuisine des petits ménages; il en fabrique de toutes les formes et pour toutes les fabriques.

236. — DEVISME, armurier breveté, à Paris, boulevart des Italiens, 26, au coin de la rue du Helder.

Les armes de ce fabricant, sur lesquelles un rapport des plus favorables a été fait par M. le général baron Juchereau de Saint-Denys, et qui a obtenu à la dernière exposition une médaille d'argent, l'ont placé au premier rang de nos meilleurs armuriers. Le beau fini des armes qu'il expose prouve qu'il ne reste pas en arrière des progrès que peut encore faire l'industrie des armes à feu.

237. — BIGET, fabricant par brevet de perfectionnement de chapeaux à ressorts, rue de Rivoli, 32, à Paris.

Ces chapeaux, dont le mécanisme est aussi simple que solide, surpassent tout ce qui s'est fait en ce genre jusqu'à jour par la promptitude du refoulement et de la remise de la forme à sa place, opérée par un nouveau procédé de fabrication qui a permis au sieur Biget de livrer au public ces chapeaux garnis avec un soin particulier, à un tiers meilleur marché, et tous autres produits sortant de sa fabrique.

De la manière dont ces chapeaux sont garnis, le même diamètre de la tête peut servir à trois entrées différentes.

238. — GUITTON, épicier, fabricant breveté de *cirage*, fournisseur de la maison du roi, à Paris, rue des Vieux-Augustins, 58, aux *Quatre Couleurs*.

Expose : 1° Du cirage pour chaussures; 2° du cirage sans acide pour harnais; 3° du cisage-vernis également sans acide.

Ce cirage, qui a obtenu une mention honorable à l'exposition de 1839, est fabriqué à l'huile et à l'esprit-de-vin, et convient parfaitement aux chaussures : car, tout en leur donnant un brillant incomparable, il ne les altère jamais, et se prête à merveille à leur conservation.

239. — BRULEY, brides de sûreté, chez M. Lucot, sellier du roi, 50, rue de Rivoli.

Cette bride arrête immédiatement les chevaux les plus emportés et les plus fougueux. Ce mécanisme, quoique très simple, produit un plein effet et n'abîme aucunement le cheval. Comme on le voit, il se place un peu au dessus de l'ouverture des naseaux, passe en dedans des branches du mors, et se croise derrière la sous-barbe. Un simple mouvement du conducteur suffit pour le faire agir. Le cavalier ne doit pas se servir de cette rêne pour conduire et diriger son cheval; ce n'est que dans le cas où ce dernier gagne à la main ou s'emporte.

Cette bride a été inventée par J.-B. Bruley. Elle est confectionnée et vendue chez Lucot, sellier du roi, 50, rue de Rivoli.

240. — TIRMACHE, fabricant de garde-robes, breveté du roi, fournisseur des châteaux royaux.

Expose des garde-robes fixes et portatives avec réservoir latéral à pompe, garanties inodores ; garde-robes de différents modèles, forme de fauteuils; expose aussi des petites pompes portatives pour jardins, à jet continu, lançant l'eau à douze mètres.

241. — CHOMEAU, fabricant de *chocolat*, à Paris, rue Quincampoix, 63, passage Beaufort, en face de celui Molière.

Ce fabricant, honoré de plusieurs médailles en bronze et en argent en 1839 et en 1841, est l'inventeur d'une machine à chocolat, dont la perfection lui permet de toujours donner le plus haut degré de qualité à ses divers produits.

242. — BAUDRY, ébéniste du roi, des princes et des princesses, fabricant breveté des lits doubles, à Paris, rue Neuve-Saint-Roch, 10, et rue Neuve-des-Petits-Champs, 62.

Les lits doubles de M. Baudry offrent l'avantage, surtout dans les petits appartements, de renfermer un second et troisième lits, garnis tous de matelas et sommiers élastiques de même longueur, et se séparant à volonté les uns des autres.

243. — EDOUARD LECOEUR, fabricant breveté de lettres en relief, à Paris, boulevart Montmartre, 1.

Les lettres en relief à biseau de M. Edouard Lecœur lui ont mérité une médaille à l'exposition nationale de 1839.

Il en tient toujours plus de 20,000 en magasin toutes prêtes à être posées ou expédiées dans les vingt-quatre heures de la demande.

244. — ORBAN, fabricant breveté de *tissus alphatiques sans fin*, à Paris, rue Saint-Maur, 66, faubourg du Temple.

Ce tissu est particulièrement destiné à la couverture des bâtiments de construction légère, tels que les hangars, les ateliers, les magasins, les écuries, les granges, etc., etc.

Il s'applique sur les toits plats comme sur ceux qui ont la plus forte inclinaison; on peut l'employer non sablé et à une très mince épaisseur pour le doublage des bâtiments de la marine.

Il s'emploie aussi comme un préservatif contre l'humidité pour les rez-de-chaussée.

Il existe un très grand nombre d'applications que l'usage fera connaître.

Ce tissu se fabrique sans fin, c'est-à-dire qu'on peut le faire de toutes longueurs; quant à sa largeur, celles adoptées pour le moment sont 50 ou 75 centimètres.

Il présente une grande économie sous le rapport du prix et pour sa durée.

A l'aide d'une simple instruction facile à exécuter, on peut faire faire sa couverture par le premier ouvrier.

245. — LESGUILLER-CRIQUET, fabricant breveté de biscuits et pains d'épices de Reims, à Paris, rue Mauconseil, 1, près la rue Saint-Denis.

Fournisseur breveté de LL. MM. la reine des Français et la reine des Belges, M. Lesguillier continue à se rendre digne de cette bienveillante faveur en fabricant des biscuits et des pains d'épices dont la qualité est telle, qu'ils obtiennent souvent la préférence même sur ceux qui se fabriquent à Reims. Aussi il a été obligé d'agrandir sa maison, et aujourd'hui il peut rapidement répondre à toutes les demandes qui lui sont adressées de France ou de l'étranger. Les articles spéciaux de sa fabrication journalière sont les biscuits, les pains d'épices surfins, les pavés, les croquets, les croquants, les nonettes à la reine et les massepains superfins.

246. — LEFÈVRE et SAUTEREAUX, fabri-

cants brevetés d'un *train de sûreté*, rue du Four-à-Chaux, 24, et rue du Coq-Saint-Marceau, 38 bis, à Orléans (Loiret); à Paris, rue Saint-Honoré, 58.

Pour remédier aux malheurs déplorables que l'emportement des chevaux peut journellement causer, MM. Lefèvre et Sautereaux d'Orléans ont voulu concourir pour le prix proposé par l'Académie de l'industrie, et exposent le dessin du mécanisme qu'ils ont imaginé et soumis à cette Société, pour arrêter progressivement et instantanément toutes sortes de voitures et pour dételer à volonté un ou plusieurs chevaux; ce mécanisme, qu'ils nomment *train de sûreté*, a été, parmi les dix ou douze systèmes présentés, l'un de ceux qui répondaient le mieux aux exigences du programme.

247. — CAMBRAY, fabricant d'instruments d'agriculture, rue Saint-Maur-Popincourt, 17.

Expose un hache-paille de structure nouvelle et divers instruments d'agriculture perfectionnés. Il continue à se livrer à la fabrication de tous les grands instruments propres à l'agriculture, et aux industries qui s'y rattachent.

248. — RUFFIER, fabricant breveté de *turbines à chocolat*, à Paris, rue du Port Mahon, 12.

Expose une machine qu'il nomme TURBINE A CHOCOLAT, qui, suivant l'inventeur, offre les avantages suivants :

1° Un jeune homme de 14 ou 15 ans peut broyer 15 kilos par jour avec 20 centimes de charbon.

2° Le broyage se fait entièrement par le marbre et pierre très dure; en conséquence aucun goût désagréable souvent occasionné par le fer ou le cuivre.

3° Les sucres sont séchés, écrasés, préparés en même temps par une partie de la machine, dont la même personne opère le mouvement des deux broyages, de concert ou indépendant.

4° Son peu de volume, d'un mètre, son aspect, son mécanisme en fer poli, font l'ornement d'un magasin.

Les prix, peu élevés, peuvent être réduits par l'emploi des coffres et pierres qui ont servi jusque aujourd'hui pour fabriquer aux rouleaux.

L'appareil du mécanisme et les marbres pour le broyage se placent dessus les pierres et coffres, ce qui permet de diminuer la valeur.

Nota. On peut voir fonctionner la machine tous les jours, depuis 4 heures jusqu'à heures 6, chez l'inventeur, *rue du Port-Mahon*, 12.

249. — LAURENCIN, fabricant d'*accordéons*, à Paris, rotonde Colbert, 5.

Se livre particulièrement à la fabrication et à la vente d'accordéons, dont la qualité des sons est remarquable. Il fait aussi la réparation de ceux de ces instruments que l'on vient à déranger.

250. — MONFORT, fabricant de cirage, à Paris, rue de l'Université, 108.

Fabrique sur une des plus grandes échelles, à Paris, ce produit, que Paris fournira bientôt en aussi grande quantité que le faisait Londres depuis si long-temps.

251. — BOSSIN, *pépiniériste-fleuriste*, à Paris, quai aux fleurs, 5; dépôt de PIERRES ARTIFICIELLES *à aiguiser* les faux.

Ces *pierres artificielles*, quand elles sont surtout conservées à l'humidité dans le coffin des faucheurs, donnent aux faux un mordant que l'on n'obtient presque jamais aussi bien avec les pierres naturelles; et ces faits ont été reconnus et affirmés par l'honorable M. Camille Beauvais, par M. Pichat, professeur à la ferme de Grignon, et par un grand nombre d'agronomes d'Angoulême et de tous nos départements.

252. — ANDRIOT (P.). *Espagnolettes pantoclies* (3 brevets pour 10 ans). Établissement spécial rue Rochechouart, 23.

Ce système nouveau pour croisées, persiennes et portes cochères, etc., *différant* entièrement de celui dit *crémones* et par le principe, et par les résultats, offre une combinaison aussi simple qu'ingénieuse, qui, au moyen d'une seule tringle fermant *en descendant, ainsi que la poignée*, et par un puissant moyen de rappel, si précieux pour les fenêtres d'une haute dimension, quoique sans aucune entaille dans les dormants, a pour effet de conserver les assemblages des ventaux, qu'il tient comme suspendus, sans qu'ils puissent jamais s'affaisser sur le dormant, résultat qu'on ne peut atteindre ni avec l'ancien système d'espagnolette, et encore moins avec les crémones, qui, fermant en *montant*, ont non seulement l'inconvénient de s'ouvrir seule par le poids de la tringle, mais encore d'écraser les ventaux pa l'action de la pesée du levier.

Le système des pantoclies, seul distingué de tous les autre

une *médaille d'argent* de la *Société d'encouragement*, une semblable *de l'Académie de l'industrie*, par son application au palais d'Orsay et son adoption pour les grands travaux de l'Hôtel-de-Ville, réunit au plus haut degré la commodité, l'élégance, à la solidité, et, avec une économie marquée qui s'explique par la simplicité de l'appareil et par le nombre si varié de ses modèles, le met à la portée de toutes les fortunes, ainsi qu'on peut le voir par le tarif des prix suivant :

5, 6, 7, 9, 10, 11, 12, 13, 15, 16, 18, 21, 25, 30, 35, 40, 45, 50, 60 à 150 fr.

253. — DUJAT, fabricant de fusils de chasse, à Paris, rue Neuve-des-Mathurins, 49.

Fabrique des fusils de chasse d'un système remarquable par les améliorations qu'il a su y introduire et par les résultats que l'on obtient avec ces armes.

254. — DENEBEC. Remise à neuf des tapis, à Paris, rue des Récolets, 8.

Se livre particulièrement à la remise à neuf des vieux tapis et à l'entretien des tapis qu'on lui donne à conserver.

255. — GARBAI, fabricant de *perles*, à Paris, rue Meslay, 33.

Ce fabricant, qui expose un cadre rempli d'échantillons remarquables par leur beauté, a été breveté d'invention pour les *Boutons à la Duchesse* et pour les Boutons doubles en perles, imitant les perles fines.

256. — LEDRU (Hector), directeur de la Compagnie pour la *galvanisation du fer*, rue d'Angoulême, 40, faubourg du Temple.

Expose des objets en fer ayant été galvanisés, et la compagnie dont il est le chef continue à se livrer à la galvanisation de tous les produits en fer.

Nota. Les numéros des produits exposés qui ne se trouvent pas sur ce catalogue n'ont pu y être placés, parce que les exposants n'ont pas fait inscrire leurs noms en temps utile.

TABLES

PAR ORDRE DE NOMS ET D'INDUSTRIES.

TABLE PAR ORDRE DE NOMS.

TABLE PAR ORDRE D'INDUSTRIES.

www.ingramcontent.com/pod-product-compliance
Ingram Content Group UK Ltd.
Pitfield, Milton Keynes, MK11 3LW, UK
UKHW021057260726
13994UKWH00002B/546

9 782329 492315